A INFÂNCIA

• HISTÓRIA MUNDIAL •

A INFÂNCIA

PETER N. STEARNS

Copyright© 2006 Childhood in World History
Authorised translation language edition published by Routledge,
a member of the Taylor & Francis Group

Todos os direitos desta edição reservados à
Editora Contexto (Editora Pinsky Ltda.)

Tradução
Mirna Pinsky

Foto da capa
Fabian Streinger

Montagem de capa
Gustavo S. Vilas Boas

Preparação de textos
Max Altman

Revisão
Ruth M. Kluska

Diagramação
Veridiana Magalhães

Dados Internacionais de Catalogação na Publicação (CIP)
(Câmara Brasileira do Livro, SP, Brasil)

Stearns, Peter N.

A infância / Peter N. Stearns ; [tradutora MirnaPinsky]. —
São Paulo : Contexto, 2006. — (Coleção história mundial)
Título original: Childhood in world history.

Bibliografia.
ISBN 85-7244-339-8

1. Crianças - Condições sociais 2. Crianças - História
3. História social   I. Título.   II. Série.

06-6451   CDD-305.2309

Índices para catálogo sistemático:
1. Infância : História social : Sociologia 305.2309

EDITORA CONTEXTO
Diretor editorial: *Jaime Pinsky*

Rua Acopiara, 199 – Alto da Lapa
05083-110 – São Paulo – SP
PABX: (11) 3832 5838
contexto@editoracontexto.com.br
www.editoracontexto.com.br

2006

Proibida a reprodução total ou parcial.
Os infratores serão processados na forma da lei.

Para Mary H., com amor

Sumário

Prefácio 9
Introdução: a infância na história mundial 11
A infância nas sociedades agrícolas: as primeiras grandes mudanças 21
A infância nas civilizações clássicas 37
A infância na era pós-clássica: o impacto das mudanças religiosas 59
Debate sobre a infância no Ocidente pré-moderno 73
Causas de mudança e o modelo moderno de infância:
avanços no Ocidente, do século XVIII a 1914 89
Lado a lado com o modelo moderno: as pressões do colonialismo 105
Infância moderna na Ásia: o Japão adapta o novo modelo 115
A infância e as revoluções comunistas 127
A infância nas sociedades afluentes: séculos XX e XXI 143
Os deslocamentos nos séculos XX e XXI:
crianças diante da guerra e da violência 169
Globalização e infâncias 183
Conclusão: infâncias do passado rumo ao futuro 199
Referências bibliográficas 213
O autor 215
A tradutora 216

Prefácio

Há alguns anos, a idéia de estudar a história da infância me parecia tarefa demasiado ampla. O assunto é muito extenso e existem enormes lacunas no conhecimento histórico disponível. A importância da infância como parte da experiência humana, e portanto, da história, não me permitiu abandonar a idéia. Tenho dívidas imensas com inúmeros estudiosos – muitos dos quais não conheço pessoalmente –, pelo trabalho pioneiro que tornou este livro possível. Quanto aos estudiosos que conheço pessoalmente, Bruce Mazlish, Raymond Grew, Ben Carton, Paula Fass e Wolf Schaefer, agradeço as contribuições diretas por seus trabalhos sobre infância e globalização. Agradeço também a vários outros historiadores e antropólogos que participaram de um encontro sobre o tema na George Mason University. Paula Fass e Colin Heywood, que leram os originais e forneceram sugestões preciosas. Joan Fragaszy e Earnie Porta se empenharam em extensas pesquisas de apoio para meu trabalho. Sou grato também a Vicky Peters, da editora Routledge, que tanto contribuiu para este livro.

Desde o ensino médio eu planejava ter filhos (embora não tenha me empenhado nisso imediatamente). Nada me decepcionou nessa experiência, por isso agradeço a meus quatro filhos pela contribuição que deram à minha vida e, de várias formas, a este livro. A presença de meu neto recém-nascido faz-me lembrar hoje quão interessantes podem ser todos os estágios da infância.

Introdução: a infância na história mundial

Todas as sociedades ao longo da história, e a maior parte das famílias, lidaram amplamente com a infância e a criança. Muitas características são padronizadas, independente de tempo ou lugar. Sempre e em toda parte, as crianças precisam receber alguma preparação para o estágio adulto. Necessitam aprender a lidar com determinadas emoções, como raiva ou medo, de forma socialmente aceitável. Sempre e em toda parte, em vista do longo período de fragilidade na infância da espécie humana, crianças pequenas requerem que se lhes providenciem alimentação e cuidados físicos. As doenças infantis, sua prevenção, assim como os possíveis acidentes são preocupações dos pais desde os tempos mais remotos até os dias de hoje. Algum tipo de socialização para os papéis de gênero é parte inevitável do processo de lidar com a infância, mesmo nos mais igualitários cenários contemporâneos. A lista de características básicas comuns é longa.

Biólogos apontam para as necessidades especiais na criação da espécie humana. Jovens chimpanzés e outros macacos grandes, quando desmamam, por volta de 3 anos de idade, imediatamente adquirem dentes adultos. Para arranjar comida e outros procedimentos, já são adultos. As crianças humanas, em contraste, só têm dentes adultos com 7 anos ou mais, muito depois do desmame. Necessitam de cuidados dos adultos durante muito mais tempo, a fim de obter comida. E isso é uma característica importante da infância nas sociedades humanas, em todos os tempos e lugares.

A infância pode apresentar variações impressionantes, de uma sociedade ou de um tempo a outro. Algumas sociedades admitem o trabalho da maior parte das crianças pequenas, e, com freqüência, trabalho pesado. Outras sociedades ficam chocadas com esse tipo de violação da inocência e vulnerabilidade infantis. Para algumas sociedades as crianças deveriam ser felizes. Para outras, embora não defendendo infâncias infelizes, essa preocupação parece estranha. Algumas sociedades admitem que grande parte das crianças pequenas morrerá, e tendo em vista esse fato organizam sua relação com a infância, incluindo a forma como discutem a morte com as crianças. Outras trabalham arduamente para prevenir a morte de crianças. Algumas sociedades acham os bebês encantadores, outras comparam-nos aos animais. Algumas sociedades aplicam rotineiramente disciplina física nas crianças, outras ficam chocadas com isso: indígenas americanos, no século xvii, ficaram horrorizados com as surras que os imigrantes europeus davam nos filhos. Algumas sociedades admitem que a infância termina por volta da puberdade, e há muitos exemplos de grandes reis e conquistadores que começaram suas carreiras na adolescência, como Alexandre, o Grande. Outras sociedades, no entanto, caracterizam a idade adulta muito mais tarde e criam categorias como a adolescência, especificamente para insistir que as pessoas pós-púberes são ainda crianças de alguma forma. A lista de variações e mudanças das características básicas da infância é imensa.

A puberdade representa uma maneira específica de focalizar as tensões entre as coincidências e diferenças na infância ao redor do mundo. Virtualmente todas as crianças que sobrevivem até a adolescência passam pela puberdade, alcançando a capacidade de se reproduzir. Em função disso, todas as sociedades e famílias precisam reconhecer a puberdade e fornecer algum tipo de guia (ou regulamento) quanto aos comportamentos pós-puberdade, e, se esse guia puder ser preparado antes da puberdade, tornará a pós-puberdade diferente da infância antes da puberdade. Quase todas as sociedades têm uma maneira de indicar quando começa a puberdade. (Nos Estados Unidos, a separação do ensino médio é uma forma de apartar a puberdade da primeira infância e da adolescência plena; o ensino médio é projetado para reconhecer, entre outras coisas, que as crianças têm experiências e problemas distintos ao entrar na puberdade.) Desse modo, há muito em comum na experiência universal da puberdade. Contudo, existem também diferenças: em primeiro lugar, a idade média da puberdade varia de uma sociedade para outra (é menor em climas quentes e onde a comida é abundante). Prova disso é que pode mudar ao longo do tempo; a puberdade hoje nos Estados Unidos e na Europa Ocidental ocorre quatro anos mais cedo (ou mais) do que há 200 anos. Para algumas sociedades, as pessoas eram adultas ou virtualmente adultas, quando saíam da puberdade. Em muitas sociedades, o casamento na puberdade, particularmente para as meninas, é comum. Em outras sociedades, como as do Ocidente nos dias de hoje, o período da infância foi ampliado. Algumas sociedades elaboraram rituais ao redor da puberdade; outras, como a nossa no Ocidente contemporâneo (com exceção das confirmações religiosas) tendem a dar pouca importância aos aspectos cerimoniais, talvez em parte porque se preocupam com as conseqüências da puberdade para pessoas vistas ainda como crianças. As variações e potenciais transformações ao longo do tempo são surpreendentes.

É difícil elaborar histórias bem-feitas sobre crianças. Crianças deixam relativamente poucos registros diretos. As pessoas rememoram suas infâncias, adultos escrevem sobre crianças e há objetos – berços, brinquedos etc., mas isso também é trazido à baila por intermediários adultos. Justamente por isso, é mais fácil tratar historicamente da infância do que das crianças em si, porque a infância é em parte definida pelos adultos e por instituições adultas. Compreender as crianças no passado é ilusório. É difícil saber como vivenciam o trabalho ou a escola mesmo hoje, o que dirá no passado. Qual a diferença entre crianças que convivem com a morte de vários irmãos e irmãs e crianças cujo contato com a morte raramente vai além da perda de um avô? A questão é historicamente clara e significativa, mas a resposta não é, de forma alguma, evidente. E mesmo idéias adultas sobre a infância não são sempre fáceis de encontrar, mesmo porque lidar com a questão da infância pode ser muito pessoal.

Nós costumamos saber o que a sociedade oficialmente pensa sobre a infância – as leis refletem esse pensamento, entre outras coisas –, mas é mais difícil saber no que um grupo de pais acredita ou como age com relação a suas crenças. Um exemplo disso: nos anos 1960, mais de 80% de todas as mães alemãs pesquisadas achavam que as mulheres não deveriam trabalhar enquanto os filhos não completassem 5 anos, mas de fato a maior parte trabalhava – então o que será que realmente pensavam sobre a responsabilidade materna pela infância?

A história das crianças e da infância vem fascinando muitos historiadores contemporâneos, e o campo, neste exato momento, está uma vez mais ganhando terreno. Esses historiadores admitem que há aspectos da experiência das crianças que não podemos apreender totalmente, pela falta de evidência direta, porém sustentam que é possível reunir sólido conhecimento sobre a condição infantil no passado e sobre as mudanças na natureza da infância. Os papéis das crianças e funções, disciplina, diferenças de gênero, saúde, material cultural, relações com a estrutura familiar, e mesmo alguns aspectos da vida emocional estão abertos à pesquisa. Ao longo da história da infância é possível adquirir novas percepções sobre caminhos mais amplos que as sociedades e as famílias trilharam no passado – visto que a infância revela importantes suposições e constrangimentos no ambiente social mais amplo. Igualmente relevante, é possível verificar como muitos aspectos da infância contemporânea decorrem do passado, o que por seu turno permite entender bem melhor a infância contemporânea, inclusive alguns novos problemas que ocupam a nossa atenção.

A história da infância compreende a combinação e a admissão de ambos os tipos de tensão que apontamos. Admite ser mais difícil conseguir evidências plausíveis sobre a criança do que sobre o adulto do passado, e que existem alguns tópicos que não vamos poder aprender tão bem quanto gostaríamos. Mas ao mesmo tempo, os temas mais relevantes podem pelo menos ser abordados, e acima de tudo existe um vasto material acessível para o trabalho histórico. A importância do conhecimento da infância no curso da história, entender o passado de maneira mais ampla e proporcionar perspectiva histórica ao presente, confere relevância a este trabalho apesar das dificuldades incomuns quanto às fontes.

A outra preocupação é pelo menos tão significativa quanto confrontar dados com a importância do assunto: há aspectos cruciais sobre as crianças e a infância que não variam nem mudam significativamente de um lugar ou de uma época para outra, inclusive o fato evidente de que todas as sociedades têm alguma forma de diferenciar a infância da maioridade, pelo menos em parte. (Historiadores costumavam discutir sobre essa diferença, mas hoje em dia existe razoável consenso de que alguma designação constitui uma constante histórica.) Ao mesmo tempo, no entanto, são constatadas reais e fundamentais variações e mudanças, quando é feito um trabalho histórico sério. De fato, a história da infância impõe um confronto entre o que é "natural" na experiência das crianças e o que é construído por forças históricas específicas, e essa confrontação é tanto estimulante quanto instrutiva.

Alguns exemplos dos dois tipos de dificuldades e como podem ser trabalhados, ilustrarão essas questões mais gerais. Quanto à informação: sabemos que em algumas sociedades do passado as crianças eram disciplinadas fisicamente com muito mais freqüência do que nos dias de hoje no Ocidente. Basta lembrar as histórias dos professores ou pregadores vagando pelas salas de aula ou na igreja, prontos para golpear os dedos de crianças indisciplinadas ou sonolentas. No entanto, é muito mais difícil saber como as crianças recebiam essas punições ou mesmo o que os adultos queriam com isso. Crianças americanas de hoje ficariam profundamente ofendidas, e junto com os pais apresentariam queixa de abuso infantil. Num contexto diferente, porém, em que punições eram normais e que não se achava que as crianças devessem ser privadas de dor, as reações poderiam ser distintas. Os adultos eram capazes de amar as crianças profundamente e puni-las (segundo padrões atuais) pesadamente. Podemos especular sobre esses diferentes significados e conseguir alguma evidência, por exemplo, em autobiografias, mas jamais poderemos montar uma versão precisa e completa, e temos de nos conformar com isso.

A falta de informação se encaminha para a ignorância completa quando envolve deliberadamente coisas secretas que as crianças fazem.

O estado de espírito infantil tem registros inconsistentes, mesmo em tempos mais recentes. Jogos são um pouco mais fáceis, porque alguns duraram muito, para surpresa nossa; pesquisadores do folclore fizeram contribuições importantes nesse quesito. Outros tópicos são mais problemáticos. É fácil falar sobre posturas do adulto perante a masturbação infantil, por exemplo, e os historiadores descobriram grandes mudanças de atitude no decorrer do tempo. Mas não há literalmente maneira alguma de saber com que freqüência as crianças se masturbam, mesmo hoje em dia, quando a liberdade sexual é mais comum, e o que dizer de 200 anos atrás, quando os adultos consideravam a prática ruim ou doentia. Felizmente, outros aspectos da história da sexualidade infantil, assim como as atitudes e práticas dos adultos com relação à sexualidade infantil, são mais fáceis de tratar – relação sexual pré-marital, por exemplo. Mas há limitações indiscutíveis.

A dificuldade de discernir entre aspectos invariáveis da infância e áreas de diferenciação e mudança não é menor do que a dificuldade com a mera disponibilidade de informação. Nesse particular, alguns dos primeiros historiadores que pesquisaram a infância cometeram um grande, embora compreensível, equívoco. Muitos deles, pesquisando a Europa Ocidental e, de alguma forma, os Estados Unidos colonial, ficaram extremamente impressionados com as enormes diferenças que encontraram entre aquela época e a atual. Crianças trabalhando, geralmente submetidas à disciplina severa, mortes freqüentes, algumas vezes trabalhando pesado com pessoas estranhas – o que poderia estar mais distante dos ideais contemporâneos? Assim, alguns historiadores afirmaram que pais tradicionais, em contraste com os modernos, não amavam seus filhos – como disse um historiador inglês, não se deveria esperar encontrar mais amor numa família pré-moderna do que num ninho de passarinhos. Outro sustentou que só no século xx (pelo menos no mundo ocidental) as crianças passaram a ser tratadas adequadamente.

Essas visões provocaram enorme polêmica, que será discutida ao longo do livro. Todavia a conclusão é que os pioneiros estavam enganados. Há circunstâncias em que os pais não amam seus filhos, e alguns pais podem refrear sua afeição em qualquer sociedade. Entretanto, ter amor pelas crianças não é uma invenção moderna; existe na maioria dos lugares e épocas, e de certa forma é natural.

De fato, em mães que amamentam, um hormônio liberado promove uma forte ligação emocional. Não devemos exagerar as mudanças e contrastes, pois alguns aspectos da infância podem ser aplicados quase que em todos os lugares. Só que o amor dos pais pode conduzir a tratamentos bem diferenciados, e mesmo a envolvimentos emocionais bem diferentes, portanto não devemos pressupor muita constância também. Veremos que outros historiadores, investindo contra o primeiro grupo, foram longe demais na outra direção. É inevitável oscilar entre os dois pólos, mudança e continuidade.

Uma questão relacionada torna-se óbvia: alguns aspectos da infância ocidental moderna (na verdade, a infância moderna em qualquer sociedade industrial avançada) parecem tão normais e relevantes que é difícil ter empatia com características marcantes do passado. Quem voltaria a uma situação em que um terço ou mais das crianças morria antes dos 2 anos, em que alguns pais nem se preocupavam em dar nome aos filhos antes dessa idade porque eles podiam morrer? E os professores que gritavam com os alunos, proclamando em altas vozes a ignorância de um diante dos outros, não só menosprezando a auto-estima, como também minando-a deliberadamente?

No entanto, empatia histórica é necessária, não só para entender corretamente o passado, mas também para evitar autocongratulações tolas sobre o presente. As crianças perderam algumas vantagens que tinham no passado. Os ganhos são reais, mas há também vários problemas. É difícil não se sentir superior quando se pensa no que foi alcançado – a menos que nos lembremos de quantas coisas nos preocupam a respeito das crianças e da infância hoje em dia.

Assim, várias pressuposições são essenciais quando se lida com uma história ampla da infância. O tema é difícil mas não impossível; algumas conclusões são falhas, mas há um conhecimento considerável mesmo assim. O tema mistura algumas características humanas padrão com variações e mudanças. Embora algumas das mudanças possam parecer boas (ainda que as julguemos compreensivamente por padrões contemporâneos), não é produtivo nem correto simplesmente deplorarmos o passado. E é realmente importante reconhecer que algumas das novas características da infância não deram muito certo. O que se requer é agilidade analítica, e o exercício, que não passa de um desafio, pode ser enriquecedor e até mesmo prazeroso.

Afinal, o tópico é sedutor: nós todos fomos crianças, por isso, até certo ponto, sabemos do que se trata. A oportunidade de aprimorar nossa compreensão da infância valendo-se da perspectiva histórica é, da mesma forma, mais significativa do que com respeito a objetos históricos mais comuns. Estamos lidando com algumas características fundamentais da experiência humana.

Este livro procura discutir não apenas a história da infância, como também a história mundial da infância, e isso acrescenta mais um tempero. Evidentemente, olhando para a infância no contexto da história mundial surgem complicadores: a vastidão do tema é um complicador, e qualquer pesquisa sucinta só pode focalizar certos pontos. A variabilidade do trabalho histórico existente é outro complicador. Embora a história da infância esteja se ampliando como parte, por exemplo, da história da América Latina, algumas sociedades de maior destaque fornecem uma literatura mais rica que outras, e, ainda que essas diferenças venham a se tornar equilibradas ao longo do tempo, certamente afetam qualquer análise corrente.

No entanto, o contexto da história mundial também proporciona oportunidades para a contextualização da infância, e o livro vai enfatizar esses aspectos. O primeiro envolve comparação, uma característica padrão da história mundial que raramente tem sido aplicada à história da infância. Que diferença, se é que existe, as principais religiões estabeleceram na conceituação e experiência da infância, por exemplo? Sabemos que a ênfase do sistema escolar japonês e do americano diferem muito hoje em dia – os japoneses valorizam muito mais que as crianças se dêem bem com seus colegas quando entram na escola, enquanto os americanos dão destaque ao estabelecimento da autoridade dos professores. Quando e por que diferenças como estas surgem? Comparações não apenas unem civilizações de forma a tornar a história mundial mais exeqüível e interessante, como também realçam diferentes padrões dentro de uma mesma sociedade. Das comparações podem sair esclarecimentos sobre o contato entre diferentes sociedades. O que aconteceu com a infância na Índia ou na África (se é que aconteceu) como resultado dos novos contatos com europeus decorrentes do imperialismo? Como a "americanização" afeta a infância em outras partes do mundo? Como exemplo disso, temos que hoje quase todas as línguas possuem uma versão de "Parabéns a você" que é cantada nas festas infantis em inúmeras culturas. Que importância tem isso? Fazer aniversário, seguindo o modelo americano (invenção moderna mesmo nos Estados Unidos) teria o mesmo sentido nas várias partes do mundo?

A história mundial também põe em evidência as principais mudanças nas idéias e experiências da infância. Alguns historiadores usam o termo "grande história" [em inglês *big history*] para definir seu objeto, porque claramente, dada a vastidão do tema, são as mudanças realmente significativas e gerais que mais convidam à análise em escala global. A transformação mais evidente na história mundial da infância envolve a passagem das sociedades agrícolas para industriais (e a imitação dos padrões industriais, como escolaridade massiva, mesmo nas sociedades que ainda não completaram seu processo de industrialização). Nem tudo mudou, é obvio – novamente alguns aspectos da infância são simplesmente naturais, e assim persistem ao longo do tempo – mas o propósito fundamental da infância foi redefinido e disso resultou uma série de conseqüências instigantes. Mesmo sociedades industriais avançadas estão lidando ainda com as implicações dessas alterações. Esta não é, porém, a única grande mudança a ser focalizada: a passagem da era da caça e coleta para a agricultura também teve enormes implicações para a infância, embora (pela distância no tempo) saibamos menos a respeito. E há alguns outros aspectos na história mundial, como a expansão das religiões mundiais, que encorajam avaliações em termos de grandes mudanças. Mais recentemente, o fenômeno da globalização, acelerando as interações entre as principais sociedades, tem impacto na infância, introduzindo outras mudanças dentro dos padrões mais amplos da experiência moderna. Mais evidente, a expansão do consumismo para crianças fornece desafios interessantes para as idéias estabelecidas sobre a infância, e provoca também alguma resistência (de adultos, certamente, mais do que das próprias crianças). De novo, a história mundial estimula-nos a enxergar o quadro mais amplo em que a criança está inserida.

Análises comparativas se entrelaçam com as grandes mudanças. Uma vez que as mudanças principais, como a tendência de universalizar a escolaridade para as crianças, atravessam fronteiras políticas e culturais, elas interagem com diferentes crenças e práticas tradicionais, o que significa que a tendência geral – à escolarização – precisa ser de fato tratada comparativamente, como no exemplo Japão-Estados Unidos. Mesmo o consumismo infantil não é uniforme. As crianças tanto nos Estados Unidos quanto no Egito estão expostas aos mesmos programas de televisão, como *Vila Sésamo*. Muitas crianças egípcias, no entanto, assistem ao programa durante a adolescência, o que sugere que estariam tendo uma compreensão diferente daquela das crianças americanas que assistem a esse programa no início da escola primária.

O entrecruzamento de coincidências, grandes mudanças e comparações tornam a infância na história mundial um tema particularmente revelador, visto que as infâncias refletem as sociedades em que se inserem e também ajudam a construir essas sociedades, por intermédio dos adultos que surgem das crianças. A infância, nesse sentido, é uma chave única para a experiência humana maior.

A INFÂNCIA NAS SOCIEDADES AGRÍCOLAS: AS PRIMEIRAS
GRANDES MUDANÇAS

A economia natural dos seres humanos consistia na caça e na coleta, na qual a humanidade esteve concentrada em grande parte de sua história, e isso significa que as primeiras idéias e práticas voltadas para a infância se formaram nesse contexto. Nosso conhecimento sobre as sociedades caçadoras-coletoras do passado é limitado, e o mesmo se aplica à infância. A maior parte das evidências decorrem de resquícios materiais somados à observação de sociedades caçadoras-coletoras que sobreviveram nos tempos modernos. Estudar a infância nessas sociedades é, contudo, importante, porque os traços dos hábitos da caça e coleta subsistem hoje, mesmo em economias muito diferentes, e alguns dos aspectos naturais ou inerentes da infância estão presentes aí também. As pessoas das sociedades caçadoras-coletoras, por exemplo, foram responsáveis pelos ajustes fundamentais exigidos pela prolongada dependência na infância, o que as diferenciou de ancestrais e primos de outras espécies primatas.

Este capítulo também trata da primeira grande revolução das condições humanas, a substituição da caça e coleta pela agricultura, em muitas das populações espalhadas pelo planeta, no milênio depois de 9000 a.e.c. Enormes adaptações no tratamento das crianças estiveram envolvidas nessa passagem, embora nos faltem informações detalhadas da transição, inclusive sobre até que ponto os adultos tinham consciência de estarem redefinindo a infância. A maior parte da história da humanidade, do advento da agricultura até poucas centenas de anos atrás, abarcava sociedades agrícolas. Portanto, estabelecer as maneiras como essa nova economia determinava os novos e duradouros atributos da infância é extremamente importante.

É muito esparsa a evidência direta sobre a infância nas sociedades caçadoras-coletoras. O ponto mais claro eram os constrangimentos na infância como resultado da freqüente limitação de recursos e da necessidade de se locomover em busca de comida. Entre outras coisas, era muito difícil transportar mais do que uma criança pequena por família, quando um bando reduzido descolava-se para encontrar caça, e isso colocava limites definidos sobre a taxa de natalidade.

Poucas famílias, de fato, tinham mais que quatro crianças durante seu período reprodutivo, pela sobrecarga prolongada que cada filho significava diante do suprimento alimentar disponível. As crianças podiam e sem dúvida ajudavam as mulheres na coleta de sementes, nozes e bagos, mas suas necessidades sobrepujavam esta contribuição. Até o início da adolescência, os garotos não participavam da caça. A maior parte das sociedades caçadoras desenvolveu rituais significativos para introduzir os meninos na caça. Algumas pinturas rupestres mostram homens adultos acompanhando garotos maiores, aparentemente seus filhos, no treinamento de caça. Exibição de proezas na caça é ainda hoje fundamental nos rituais de iniciação em algumas sociedades caçadoras-coletoras, e sem dúvida foi muito difundida no passado. Sua importância foi mais que simbólica: o ponto em que os garotos atingiam a idade de prover sua própria subsistência e auxiliar a família era crucial nas condições rigorosas em que os bandos de caça operavam.

Indícios verificados em sociedades caçadoras-coletoras contemporâneas sugerem, da mesma forma, ser reduzido o papel que as crianças desempenham na vida econômica, antes de chegar à adolescência. Um grupo, em que as crianças acompanhavam as mulheres na busca de forragem, era menos produtivo do que quando os adultos trabalhavam sozinhos, uma vez que as crianças atrapalhavam. Outros bandos simplesmente não delegavam funções às crianças antes dos 14 anos. As limitações da utilidade das crianças moldaram as sociedades de formas diversas, o que justifica a relativa pouca freqüência de representações de crianças na arte primitiva. Crianças de sociedade caçadoras-coletoras tinham muitas oportunidades de brincar, por exemplo, misturando grupos de idades. O impacto mais evidente das limitações nas funções práticas das crianças, no entanto, dava-se no número de nascimentos.

As restrições nas taxas de natalidade ocorriam de várias formas, mas principalmente pelas prolongadas lactações – quatro anos ou mais –, durante as quais a capacidade das mães para concepção era limitada pela química corporal. O método não era inteiramente seguro, mas tinha amplos efeitos. Outras limitações resultavam de infanticídios deliberados – há evidência arqueológica disso nas Américas, Austrália e Índia. Algumas sociedades, por exemplo certos grupos indígenas americanos, também experimentaram plantas na indução de aborto. Muitas famílias certamente se sentiram divididas entre o desejo sexual e a necessidade de evitar um número muito grande de crianças. Doenças e má nutrição também atuaram na redução do número de concepções, limitando a fecundidade das mulheres e afetando também as taxas de sobrevivência das crianças. O longo período de aleitamento deixava de estimular uma nutrição farta, de sorte que no período após o desmame crescia a taxa de mortalidade. Somavam-se a isso doenças infantis e outras, como a malária, que podiam também limitar a fecundidade dos adultos. Muitas mães morriam aos 20 anos – a expectativa de vida era curta –, o que também limitava a taxa de filhos *per capita*.

Um fato revelador é que às vésperas da introdução da agricultura na Europa, a maior parte dos bandos caçadores-coletores não enterrava suas crianças quando estas morriam antes dos 5 anos. Isso não significa necessariamente que os pais não se importassem com as mortes dos filhos; mas havia a consciência de que a sobrevivência de um número muito grande de crianças era uma ameaça para a família e para a comunidade, e que a morte era esperada. Enfim, dadas as várias medidas tomadas para manter baixo o número de crianças, as populações das sociedades caçadoras-coletoras cresciam muito lentamente, se é que cresciam.

A necessidade de restrições e o fato de que as crianças devem ter sido vistas de alguma forma como uma carga, particularmente em contraposição com o que viria a ocorrer na agricultura, não deve obscurecer as oportunidades que havia para as crianças nas sociedades caçadoras-coletoras. Em primeiro lugar, embora o trabalho fosse vital, não era ilimitado. Muitos caçadores-coletores trabalhavam, em média, poucas horas por dia. Isso deixava bastante tempo para, entre outras coisas, dedicarem-se a brincadeiras com as crianças. Em muitos grupos de caçadores contemporâneos, crianças e adultos brincam juntos com freqüência, limitando o espaço das crianças com sua presença, mas permitindo uma interação mais ampla. Em segundo lugar: muitas sociedades caçadoras-coletoras começaram bem cedo a oferecer divertimentos extras para crianças das famílias dos líderes – os primeiros exemplos do uso de crianças para expressar diferenças sociais, uma prática que obviamente subsiste, embora de outras formas, até os dias de hoje. Os túmulos de algumas crianças mais velhas em locais pré-agrícolas contêm jóias decorativas, armas feitas de ossos e ornamentos coloridos. Na Europa foi achado um esqueleto de criança com uma faca de pedra na cintura, deitado na asa de um cisne. Esse tipo de tratamento preferencial demonstra evidentemente a excelência do *status* familiar ao utilizar a infância, mesmo na morte, para expressar riqueza e importância, mas também pode ser reflexo de uma afeição verdadeira pela criança envolvida. Por fim, se a infância era uma época de brincar e de trabalho auxiliar ocasional, o estágio adulto caracteristicamente chegava cedo: assim que os rituais da caça terminavam, um menino se tornava homem e muitas garotas eram conduzidas ao casamento e à maioridade ainda na adolescência. A noção de um período de espera prolongado entre a infância e a maturidade, comum às sociedades subseqüentes tanto agrícola como industrial, esteve geralmente ausente nessa versão primitiva de organização humana.

As diferenças de gênero entre as crianças nas sociedades caçadoras-coletoras eram complexas. Meninos e meninas pequenos ficavam sob os cuidados das mulheres e se uniam em jogos semelhantes. Meninos um pouco mais velhos, sabendo que se tornariam caçadores, afastavam-se, dedicando-se a jogos em grupos separados. Mas as oportunidades de divisões eram limitadas pelo fato de os bandos caçadores serem pequenos, com poucas crianças em cada grupo. Além do mais, embora o trabalho das mulheres fosse diferente do dos homens, era pelo menos tão importante economicamente, o que reduzia as oportunidades para grandes distinções de *status* entre os meninos e as meninas durante o crescimento.

Estudos de sociedades caçadoras-coletoras contemporâneas também revelam enormes variações de um local para o outro, quanto a tipos específicos de personalidades que eram estimuladas entre as crianças. Como os grupos eram pequenos e bastante isolados, abordagens diversas tornavam-se inevitáveis. Tomemos o sentimento de raiva, por exemplo. Alguns grupos caçadores-coletores encorajam a raiva entre as crianças, e os pais dão o exemplo com sua própria forma de disciplina. Outros, como o grupo Utku Inuit do Canadá, recusam-se a reconhecer a raiva em crianças com menos de 2 anos – e nem têm um vocábulo para expressá-la. Para esse grupo, as crianças evitariam exprimir a raiva de forma direta, preferindo chorar ou bater em seus animais de estimação. Distintos modelos específicos de educação infantil parecem ser funcionais nas condições caça e coleta, dentro da estrutura básica imposta pelos recursos disponíveis.

A agricultura começou a substituir a caça e a coleta cerca de dez mil anos atrás, propiciando um sistema econômico completamente novo, com grandes implicações para a infância. A agricultura espalhou-se lentamente pelo mundo, e não alcançou todas as regiões. Alguns bolsões caça e coleta persistiram até os dias de hoje, e um modo econômico alternativo, nomadismo baseado em pastoreio de rebanhos, também se desenvolveu. A agricultura se expandiu pela difusão e por cultivos distintos (havia pelo menos três "invenções" diferentes de agricultura, no Oriente Médio/Mar Negro, nos arrozais da China e sudeste na Ásia, e na América Central). De forma crescente, a agricultura tornou-se o sistema mais comum para a humanidade – e portanto para a infância.

A mudança mais evidente que a agricultura trouxe foi a redefinição da utilidade das crianças no trabalho. Muito mais claramente do que nas sociedades caçadoras-coletoras, o trabalho produtivo passou a se constituir na principal definição da infância na maior parte dos tipos do sistema agrícola – incluindo aquelas dedicadas a artesanato e manufatura doméstica. Claro que ainda havia custos associados às crianças pequenas, particularmente antes dos 5 anos, quando ainda não podiam trabalhar. As crianças não dispunham de meios próprios de sustento antes da adolescência, mas em meados da adolescência podiam contribuir ativamente para a economia familiar, trabalhando nos campos e ao redor da casa.

Não temos noção exata de quando as famílias da era agrícola perceberam que as crianças podiam ser uma força de trabalho essencial. Sabemos que as taxas de natalidade começaram a subir bem rápido, o que demonstra a expansão do suprimento alimentar decorrente da agricultura, mas também que as crianças podiam e deveriam ajudar sistematicamente e não mais apenas ocasionalmente na produção de alimentos. Aumentou, sem dúvida, a taxa de natalidade por família, em primeiro lugar pela redução do tempo de aleitamento, em média de 18 meses, o que (com a atividade sexual intensa) fazia automaticamente subir para seis ou sete o número de crianças por família, tornando-se esta a média entre casais comuns, durante os séculos de predominância da atividade agrícola.

Vale a pena ressaltar, à guisa de informação, que essa nova taxa de natalidade não era a máxima a ser alcançada. Sabemos, pelo exemplo do grupo religioso Hutterite, do Canadá no final do século XIX e início do XX, que, quando uma família realmente quer reproduzir o máximo possível, a mulher, a partir do momento em que se torna fértil até a menopausa, dá à luz a uma média de 12-14 crianças. Poucas famílias agrícolas chegaram a esse número e menos ainda o desejavam, visto que o peso sobre os recursos familiares seria grande demais. Nessas condições, a maioria das famílias continuou a usar o aleitamento para limitar o tamanho da família. Com freqüência desencorajavam relações sexuais logo após a puberdade (mesmo entre casais) e habitualmente diminuíam a atividade sexual aos 30, 40 anos, em parte para manter o número de crianças dentro dos limites. Grande parte das sociedades agrícolas registrou um número maior de crianças nas famílias mais abastadas do que nas menos ricas, uma vez que essas famílias tinham meios de sustentá-las. Apesar da necessidade contínua de equilibrar a taxa de natalidade e os recursos disponíveis, as sociedades agrícolas apresentaram grandes mudanças. A infância se tornou mais importante dentro da sociedade, tanto econômica quanto quantitativamente.

Os povoados agrícolas, em decorrência, ficaram cheios de crianças. Taxas relativamente altas de natalidade e expectativas de vida razoavelmente baixas alteraram a distribuição etária: crianças e jovens se tornaram metade da população. O contraste com as sociedades caçadoras-coletoras e com os centros industriais modernos é dramático: as sociedades agrícolas podem não ter sempre tratado bem as crianças, porém estavam centradas na criança em um grau difícil de se imaginar. Há alguma realidade na noção de que o povoado todo criava as crianças – a responsabilidade não cabia apenas aos pais, e isso se devia em parte à existência de muitos jovens envolvidos. As crianças também mereciam espaço em sociedades maiores: códigos legais, como os da Mesopotâmia, mencionavam obrigações para com crianças. Tanto no Egito quanto na Mesopotâmia, casais sem filhos eram olhados com suspeita (se alguém não pudesse ter filhos diretamente, deveria adotar, o que era outra maneira de expandir tanto o trabalho como a propriedade). Um escriba egípcio sem filhos foi censurado: "Você não é um homem honrado porque não engravidou suas mulheres. Se um homem não tem filhos, ele deve tomar um órfão e criá-lo".

A infância se tornou inclusive um elemento de identificação para as próprias crianças. Havia mais irmãos com os quais interagir; e povoados agrícolas, com várias centenas de pessoas em vez das 40-60 pessoas dos grupos caçadores, estavam cheios de companheiros em potencial.

A morte continuou sendo companheira constante da infância. Embora a nutrição tenha provavelmente melhorado para algumas crianças, em comparação com as sociedades caçadoras-coletoras, a fome era freqüente. Doenças contagiosas como sarampo ou varíola tornaram-se um problema mais grave nas sociedades agrícolas do que nas caçadoras e isso afetava desproporcionalmente as crianças e os mais velhos. Doença, acidente e morte avultavam na infância em sociedades agrícolas. Poucas crianças deixaram de perder pelos menos dois irmãos antes de se tornarem adultos, e de maneira geral, na média, 30 a 50% de todas as crianças morriam antes dos 2 anos. A inevitabilidade das mortes infantis era uma fonte óbvia de tristeza, à qual todas as sociedades agrícolas tinham de se ajustar, e junto com a tristeza pairava uma grande dose de fatalismo. Mesmo quando disponível, muitas famílias não se valiam do auxílio médico, uma vez que a morte parecia inevitável. Em todas as sociedades agrícolas, a ocorrência de acidentes que as pessoas nos dias de hoje consideram evitáveis – crianças caindo em poços, por exemplo – era bastante alta.

No que diz respeito à morte, sociedades agrícolas em grande parte desenvolveram alguns temores curiosos, que chamaríamos de superstições. Muitas tribos africanas acreditavam que gêmeos carregavam espíritos malignos, e amiúde os matavam. Crianças da primitiva civilização Harappan, ao longo do rio Indo (atual Paquistão), tinham as orelhas perfuradas para afastar espíritos malignos. Os cristãos europeus tinham medo de crianças nascidas com a membrana amniótica (membrana fetal que pode estar ainda cobrindo a cabeça da criança no nascimento), acreditando que isso pudesse ser um sinal de bruxaria. As especificações variavam, mas as angústias decorrentes das anomalias eram comuns.

A presença da morte evidentemente afetava as crianças, em especial quando – e isso não era incomum embora não fosse o padrão – testemunhavam a morte de um dos pais. Um ensaísta da dinastia Ming na China descreveu o impacto de assistir à morte da mãe aos 7 anos: "Eu me preocupo constantemente com pessoas que ainda estão vivas, que não haja tempo suficiente para conhecê-las por inteiro – tudo por causa daquele trágico evento, que me dói até hoje profundamente".

O fato de o trabalho ser algo central merece ênfase particular. Crianças pequenas poderiam ajudar as mães nas atividades domésticas; crianças um pouco mais velhas poderiam tomar conta de animais domesticados e auxiliar em trabalhos mais leves nos campos, inclusive a coleta. Meninos adolescentes poderiam caçar, como auxílio à produção principal, mas o ponto-chave era a atividade de trabalho regular como parte da equipe de trabalho da família. O mesmo conceito seria transportado para a manufatura, com as crianças limpando, preparando materiais, fazendo as tarefas mais simples na produção, enquanto começavam a dominar o ofício valendo-se da aprendizagem formal ou informal.

O trabalho explica a nova extensão e importância da infância, mas também introduz uma preocupação mais clara em relação à infância do que havia durante a era da caça e da coleta. A fim de auferirem o máximo valor do trabalho infantil, as famílias tinham de reter os serviços das crianças até a metade ou mesmo final da adolescência. De outra maneira, o investimento em crianças pequenas não se pagaria, e as famílias se veriam sem força de trabalho à medida que os pais iam envelhecendo. Em muitas sociedades agrícolas, os pais deliberadamente geravam seus filhos no início de seus 40 anos – a chamada "criança desejada" ou *Wunschkind* na Alemanha do início da modernidade –, a fim de trabalharem para eles quando chegassem à velhice. Era essencial retardar a maioridade para muitas crianças para que continuassem atuando na economia familiar. Podiam ser autorizadas a casar, com o pressuposto de que continuassem a servir como parte da família ampliada, todavia, não lhes seria dada voluntariamente total independência. Não é de surpreender que os ritos de passagem mudassem nas sociedades agrícolas. Passaram de demonstrações de competência econômica – como na caça – para cerimônias religiosas que apontassem maturidade espiritual – cerimônias de confirmação como o Bar Mitzvá judaico. Esses eram rituais solenes e muito importantes, mas não emblemáticos de independência econômica como as façanhas na era da caça.

A maior parte das sociedades agrícolas considerava que a fase da "juventude" ia da infância à evidente maioridade, demarcando os anos em que o trabalho para a família era ainda habitualmente admitido, mas em que as habilidades e capacidades de trabalho avançassem até o ponto de ser realmente produtivo. Isso não era uma combinação fácil. Veremos que, de uma maneira ou outra, todas as sociedades desenvolviam uma forte ênfase na necessidade de inculcar obediência às crianças, e uma das razões para isso era a esperança de que a obediência pudesse se estender até a juventude e garantisse essa força de trabalho para a economia da família. Todas as sociedades agrícolas estabeleceram claros conceitos de propriedade, é claro, em contraste com sociedades caçadoras-coletoras ou nômades. A propriedade passaria para as gerações mais jovens através da herança, outra motivação para um período de lealdade ao trabalho familiar por meio do qual os filhos passariam a ter certeza de que os pais permaneciam dispostos a tanto.

Muitas sociedades agrícolas, no entanto, também reconheceram as tensões da juventude, tolerando periódicas manifestações de disposição de ânimo, bem fora da rotina de vida. Festivais agrícolas, na época da plantação, da colheita e freqüentes efemérides religiosas e históricas, forneceram oportunidades para os jovens (particularmente os rapazes) desempenharem papéis especiais em jogos e disputas esportivas, algumas vezes cometendo pequenos atos de vandalismo ou humilhando seus líderes sociais mais velhos. Muitas vezes multidões de gente jovem aguardavam diante da residência de um casal recém-casado para testemunhar que o casamento havia sido consumado (e se a noiva era virgem). A travessura consistia na simples apresentação de um lençol com mancha de sangue para uma multidão barulhenta de jovens. Essas celebrações ruidosas eram parte da vida das aldeias na Europa e Oriente Médio agrícola, em vários contextos religiosos. Na Europa, partidas de lutas romanas em dias de festival às vezes colocavam solteiros contra recém-casados, um convite claro para aqueles ainda não qualificados para o *status* familiar adulto darem vazão a suas frustrações mediante vitórias em competições. Arruaças ou desobediências ocasionais eram a contrapartida dos jovens que aceitavam seu *status* econômico inferior durante todo o ano.

Ao lado da crescente ênfase no trabalho e a nova, ainda que vaga, categoria da juventude, as sociedades agrícolas introduziram pelo menos três outras mudanças no conceito e experiência da infância, onde quer que esta forma de organização humana fincasse raiz. Como gerava excedente econômico, a agricultura permitia expressar diferenças de *status* na infância e através da infância. As diferenças já tinham aparecido na era da caça e da coleta, mas agora se tornavam mais elaboradas. Na antiga civilização maia da América Central, por exemplo, as crianças de famílias de elite usavam faixas na cabeça durante a infância, quando o crânio era ainda moldável, para alongar a cabeça – criando um testemunho físico visível e vitalício de sua posição social. A prática, mais tarde, de cingir os pés das mulheres na China, que começou com as classes mais altas, proporcionava outro exemplo do uso de crianças para expressar *status*. Neste caso, os pés das meninas ficavam presos tão fortemente que pequenos ossos eram quebrados, dando às meninas e mulheres um andar arrastado por toda a vida. O resultado era visto como gracioso e atraente, apesar do fato de reduzir a capacidade de trabalho das mulheres – razão pela qual ele não foi adotado pelas classes rurais.

Além dessas práticas específicas, que evidentemente não se espalharam de modo uniforme para todas as sociedades, as sociedades agrícolas introduziram outras distinções que afetavam a infância. Uma das mais simples envolvia as vantagens nutricionais disponíveis para crianças da classe alta, que tinham mais acesso à comida adequada, particularmente a proteínas (em carnes, mais obviamente) do que a maioria das crianças. Diferenças significativas de tamanho se apresentavam entre as crianças (e subseqüentemente entre os adultos) nas classes altas e aquelas da população em geral, e isto tendeu é claro a perpetuar as diferenças de *status*. A segunda diferença envolvia treinamento e especialização. Como as economias agrícolas produziam excedentes de alimento, em média bem maiores do que as sociedades caçadoras-coletoras, também abriam oportunidades para uma pequena parte de crianças receberem treinamento especial, com o fim de se tornarem artesãos habilidosos (nesse caso, o treinamento era associado com trabalho, adaptado à aprendizagem) ou, quando adultos, se tornarem guerreiros, sacerdotes ou funcionários governamentais. Em alguns casos, é claro, o treinamento implicava escolaridade formal. A infância desses grupos não seria definida pelo trabalho, no sentido conhecido da maioria das crianças nessas sociedades. Dois caminhos bem diferentes foram criados na maior parte das sociedades agrícolas, embora um deles fosse acessível apenas a uma pequena minoria.

As sociedades agrícolas geravam também novas oportunidades para contatos entre crianças e avós. Isso não estava ausente nas economias caçadoras-coletoras, em que os avós podiam, entre outras coisas, servir de fonte de contos e sabedoria que criavam um sentido de identidade em sociedades dependentes de transmissão oral do conhecimento. Entretanto, a expectativa média de vida era curta e limitava esse contato. Nas sociedades agrícolas, muitos adultos ainda morriam jovens, mas um número significativo sobrevivia até os 60 anos. Podiam ajudar a criar as crianças enquanto seus filhos adultos trabalhavam, e manter outras formas de contato. Um biólogo evolucionista ressaltou recentemente a importância dos avós no avanço das espécies humanas pela provisão de cuidados e conhecimento, em comparação com outras espécies em que esses laços não existem. Quaisquer que sejam os méritos desse interessante argumento, a verdade é que o relacionamento familiar cresceu na era da agricultura.

A agricultura, finalmente, encorajou novos tipos de distinção de gênero entre as crianças. Todas as sociedades agrícolas se tornaram patriarcais nas relações de gênero, e nas relações pais-filhos, dotando os homens e os pais de autoridade desproporcional como detentores de poder supremo no seio da família. Na maior parte das sociedades agrícolas os homens assumiam as tarefas mais produtivas na economia familiar – na lavoura, a responsabilidade pela plantação era deles, as mulheres tendiam a ser trabalhadores suplementares, essenciais nas operações familiares mas não tão importantes como tinham sido nos cenários de caça e coleta. Suas atividades como mães cresceram com o aumento da natalidade. Essas mudanças se traduziram em esforços definitivos para diferenciar meninos e meninas, não só em termos de tarefas e funções na vida, mas também em grau de importância. As meninas, apesar das exceções individuais que mereceram indulgência especial por parte dos pais, eram consideradas inferiores. A ênfase no poder do pai aparecia primeiramente em termos do controle da propriedade, que lhe dava um instrumento para lidar com os filhos de que as mães não dispunham, ao menos não no mesmo grau. As mães, no entanto, podiam contrabalançar este poder pelo investimento emocional nas crianças e pela força de sua personalidade. Desse modo, a distinção entre pai e mãe, embora normalmente considerável na lei e economia, não se mostrava exagerada.

Questões de gênero nem sempre eram claras. Na civilização chinesa, por exemplo, os meninos eram sem dúvida mais bem recebidos e o infanticídio de meninas, uma realidade inquestionável. No entanto, meninas pequenas podiam ser tratadas com mais delicadeza, ser alvo de indulgência maior do que os meninos – particularmente meninos mais velhos, precisamente porque as responsabilidades da masculinidade eram muito sérias. As meninas, por outro lado, enfrentavam menos expectativas e assim podiam ganhar alguma inesperada liberdade de ação.

Distinções de gênero, embora sempre presentes, podiam também variar, um aspecto evidente nas primeiras civilizações agrícolas. O Egito antigo não discriminava meninos e meninas no nascimento, para o espanto dos visitantes gregos acostumados a ver muitas meninas largadas para morrer. Um grego deixou o seguinte comentário: "Eles alimentavam todas as crianças que nasciam". Mas na Mesopotâmia, enquanto meninos e meninas eram confiados às mães até o desmame (aos 3 anos aproximadamente), os pais depois assumiam o treinamento dos meninos, e a diferença era estritamente enfatizada. De acordo com um pai sumério, "Eu não seria um homem se não supervisionasse meu filho". A atenção era uma faca de dois gumes: por um lado, os meninos eram a esperança da família e o menino mais velho assumiria se o pai morresse; de outro, punição por desobediência podia ser severa, incluindo prisão domiciliar, acorrentamento com grilhões de cobre ou marcas na testa. As meninas tinham menos oportunidades, mas também eram menos passíveis de incorrerem na cólera paterna.

A exemplo das sociedades caçadoras-coletoras, as sociedades agrícolas compartilhavam certo número de características ao longo do tempo e do espaço, mas também variavam muito, como era patente em práticas de gênero. A maior parte dessas sociedades valorizava as famílias extensas com fortes laços entre avós sobreviventes, filhos adultos e seus cônjuges (geralmente as mulheres mudavam-se para as famílias dos maridos) e crianças. No entanto, famílias nucleares mais isoladas também se desenvolviam. Muitas sociedades agrícolas davam ênfase ao cuidado dos pais com as crianças, com exceção talvez nas classes superiores. As crianças polinésias, porém, eram muitas vezes trocadas entre famílias, servindo-se de métodos informais de adoção. Muitas sociedades agrícolas desenvolveram uma orientação religiosa forte, mas os valores seculares avultavam em alguns casos. Algumas sociedades agrícolas, refletindo o patriarcado, negavam propriedade para as filhas, mas outras, embora firmemente patriarcais, concediam-lhes meticulosos direitos. Algumas sociedades agrícolas davam atenção especial para o filho mais velho, transmitindo-lhe propriedade por herança e funções por meio de um sistema de primogenitura que deixava os outros filhos e filhas solteiros sem sustento garantido. Outras sociedades, entretanto, estendiam a herança mais amplamente, pelo menos entre os meninos. Nos próximos três capítulos, exploraremos as variações-chave que resultaram de alguns dos maiores desdobramentos na história mundial depois da expansão da própria agricultura: o impacto de civilizações específicas e os resultados de mudanças religiosas vão encabeçar a lista de fatores que podem ter influenciado bastante a infância no contexto agrícola.

É importante lembrar que a agricultura introduziu algumas das maiores modificações na infância que a espécie humana jamais experimentou. Padrões específicos de civilizações e religiões funcionaram dentro dessa estrutura, gerando variações e mudanças que agiam em meio a alguns padrões amplamente comuns. Famílias individualmente consideradas e sociedades inteiras encaravam, durante a era agrícola, a infância de forma distinta daquela definida pelos grupos caçadores-coletores – e a nova confiança no trabalho infantil era central para esse contraste.

Não é de se surpreender que até hoje lidemos com legados das infâncias da era agrícola, mesmo em sociedades que desenvolveram outro padrão, quando a agricultura deu lugar à indústria. Nós ainda organizamos o ano escolar baseado na necessidade de as crianças estarem livres no verão – inicialmente para trabalhar nos campos, agora livres para as mais imprecisas e variadas agendas. Nós ainda nos agarramos a algumas distinções entre meninos e meninas que foram forjadas com a agricultura, embora muitas delas não façam o menor sentido agora. Muitas pessoas hoje em dia continuam a acreditar que uma dose de agricultura, ou ao menos de vida no campo, será benéfica às crianças da cidade – as crenças podem ser corretas, claro, mas também refletem a nostalgia de tipos de infância que prevaleceram por muitos séculos sob a égide da agricultura. Antes de passar para a ruptura da era da agricultura, com seu misto de vantagens e desvantagens, precisamos explorar algumas versões de infância dessa época que acompanharam alguns dos marcos mais familiares da história mundial.

Para saber mais

Sobre caçadores-coletores: Patrícia Phillips, *The Prehistory of Europe* (Bloomington: Indiana University Press, 1980); J.S. Wiener, *Man's Natural History* (London: Weindenfeld and Nicolson, 1971); Robert Braidwood, *Prehistoric Men* (8th ed., Glenview, IL: Scott, Foresman, 1975); Robert Wenke, *Patterns in Prehistory: humankind's first three million years* (4th ed., Oxford: Oxford University Press, 1999).

Sobre a transição para a agricultura: David Christian, *Maps of Time: an introduction to big history* (Berkeley: University of California Press, 2004); Joanna Sofaer Derevsnki, ed., *Children and Material Culture* (London: Routledge, 2000).

Sobre as primeiras civilizações agrícolas: André Burguière, Christiane Klapish-Zuber, Martine Segalen, Françoise Zonabend, eds., *A History of the Family, I: Distant Worlds, Ancient Worlds* (Cambridge, MA: Harvard University Press, 1996); A. R. Colón, with P. A. Colón, *A History of Children: a socio-cultural survey across millennia* (Westport, CT: Greenwood, 2001).

A INFÂNCIA NAS CIVILIZAÇÕES CLÁSSICAS

Este capítulo e o próximo abordam a conexão entre temas muito estudados na história geral e o tema "infância": em primeiro lugar, o impacto da civilização, incluindo comparações entre diferentes civilizações; em segundo lugar, os resultados das mudanças nas grandes civilizações, principalmente aquelas associadas à difusão de práticas religiosas mais profundas.

Todas as pesquisas em história geral registram o surgimento da civilização como forma particular de organização humana a partir de cerca de 3500 a.e.c., embutida nas economias agrícolas. Essas civilizações tinham como característica dar importância maior para as cidades frente aos ambientes rurais mais numerosos, a introdução da escrita e expressões mais elaboradas de alta cultura. A questão é como o surgimento da civilização afetou a infância, já bastante transformada pela própria agricultura. Sobre a infância, no que diz respeito às primeiras civilizações estabelecidas nos vales dos rios, além de relatos básicos há muito pouca informação, mas o quadro se modifica com o florescer das grandes civilizações clássicas na China, Índia e Mediterrâneo/Oriente Médio, de cerca de 1000 a.e.c., até o colapso dos impérios clássicos por volta do 5º ou 6º séculos e.c.. Cada uma das civilizações clássicas gerou sistemas de crença característicos e estilos artísticos, padrões políticos, estruturas sociais e de comércio que inevitavelmente envolviam a infância. Além disso, mesmo quando as civilizações clássicas estavam chegando ao fim, todas as três transmitiram heranças que sobreviveram até séculos mais recentes, com repercussões em nossos dias. Tem-se discutido, por exemplo, que as crianças na Índia desenvolvem em especial a imaginação, devido à forte tradição de se contar histórias e alguma crença de que a realidade varia conforme a posição social e o aperfeiçoamento religioso – e, embora isso seja apenas uma especulação, parece sugerir correlação com tradições indianas nascidas mais de dois milênios atrás, quando padrões característicos clássicos começaram a ser definidos.

Ficamos evidentemente tentados a comparar como sociedades clássicas diferentes criavam de certa forma infâncias distintas, dentro das restrições comuns da era da agricultura. O exemplo indiano sugere algumas distinções duradouras de infância, desencadeadas no período clássico que ainda persistem. No entanto, uma questão comparativa ainda mais fundamental se coloca: seriam os traços comuns ou os contrastantes a melhor maneira de se abordar os padrões de infância em cada uma das grandes civilizações clássicas?

Mesmo antes do período clássico, a própria civilização, desenvolvida ao longo dos principais vales de rio, trouxe diversas mudanças para a infância. A primeira pode ter sido simplesmente a codificação das características das sociedades agrícolas primitivas: as crianças eram legalmente ligadas ao grupo social em que tinham nascido. As leis mesopotâmicas primitivas, como o Código de Hamurabi, especificavam que as crianças nascidas de escravos herdavam a escravidão, a menos que fossem libertadas explicitamente. Outros *status* sociais eram herdados também, inclusive a nobreza. Essas qualificações se tornaram características de civilizações agrícolas. A lei romana daria atenção detalhada aos mesmos tipos de questões, especificando, por exemplo, que a criança de pai escravo e mãe livre seria de fato livre.

A segunda mudança envolveu as próprias leis formais, resultado do desenvolvimento dos Estados. A lei agora ajudava a definir a infância e as obrigações das crianças. Muitas civilizações antigas usavam as leis para enfatizar a importância da obediência. Não só a lei mesopotâmica, como também a judaica, especificavam os direitos dos pais a punirem filhos desobedientes. Na lei judaica, isso poderia levar à execução.

O quinto livro de Moisés chamado Deuteronômio, do Antigo Testamento, cap. 21, reza: "Se um homem tiver um filho obstinado e rebelde que não obedece ao seu pai nem a sua mãe e não os escuta quando o disciplinam, o pai e a mãe o levarão aos líderes da sua comunidade, à porta da cidade, e dirão aos líderes: 'Este nosso filho é obstinado e rebelde. Não nos obedece! É devasso e vive bêbado'. Então todos os homens da cidade o apedrejarão até a morte".

As civilizações dos vales dos rios também registraram muitos momentos ternos com crianças em brincadeiras e durante o crescimento. Contudo a estrutura legal era também significativa. Havia inclusive alguns poucos casos, em civilizações antigas como a fenícia, de crianças sacrificadas em ritos religiosos.

Os códigos legais das civilizações antigas também prestavam muita atenção à questão da hereditariedade. Era vital minimizar disputas e, ao mesmo tempo, assegurar a transferência da propriedade entre as gerações. Mas as leis de herança também encaminhavam tratamentos diferentes para distintos tipos de crianças – garotos mais velhos *versus* garotos menores em certos casos, meninos *versus* meninas em quase todos os casos. Por fim, a insistência na herança acabou produzindo um instrumento disciplinar-chave para manter as crianças perto da família, fornecendo de mão-de-obra até os últimos anos da adolescência, ou mesmo mais. A possibilidade de reter a herança de uma criança que não serviu adequadamente à família, embora nem sempre eficaz para reprimir desobediências ou fuga de crianças, moldou uma característica central do contexto de como as civilizações agrícolas cercaram a infância.

Por fim, antigas civilizações já dominavam a escrita, e isso para uma minoria de crianças significava escolarização. As tabuazinhas de barro da Mesopotâmia registram as lições dos alunos e as repreensões dos pais forçando os filhos a estudarem mais. Registram também punições aos retardatários, principalmente com uma boa sova. A experiência das crianças nas antigas civilizações teria sido severa. Para cada história de criança que "encantava" seu pai com suas lições, há outra de um garoto que se atrasava, "com medo e o coração disparado", e não apenas levava surra como também passava a ser objeto de suborno por parte do professor que queria induzir os pais a convidá-lo para jantar. O advento da instrução e da escrita permite que saibamos muito mais sobre a experiência da classe alta, a única geralmente letrada, do que a da maioria das crianças, e também mais sobre meninos do que sobre meninas.

As civilizações dos vales não deixaram, em sua maior parte, registros suficientemente elaborados para fazer comparações significativas, com exceção de práticas não usuais como o sacrifício dos fenícios ou a ausência de infanticídio de meninas no Egito. A documentação mais rica do período clássico permite uma compreensão mais ampla, embora com muitas lacunas.

As três civilizações clássicas diferiam em muitos aspectos. A ciência chinesa era mais pragmática que as abordagens teóricas dos filósofos gregos; a religiosidade indiana contrastava com as culturas mais seculares da China e regiões mediterrâneas; a centralização política chinesa contrastava com a descentralização da Índia, e, em geral, dos povos mediterrâneos; o sistema de castas indiano contrastava com a escravidão mediterrânea ou com as posturas sociais baseadas no confucionismo da China. É evidente que muitas características eram compartilhadas, por exemplo: as civilizações clássicas eram todas expansionistas, todas trabalhavam no intuito de prover mecanismos novos de integração nas culturas e estilos artísticos, instituições políticas e sistemas comerciais; eram todas patriarcais e, claro, todas dependiam da economia agrícola. O contraste cria geralmente situações ilusórias de semelhança nas apresentações das sociedades clássicas, da perspectiva da história geral. E há razões para se esperar que isso se aplique também às crianças, principalmente dada a sensibilidade da infância para com determinadas formulações culturais. Comparações explícitas, no entanto, têm sido raras, de sorte que devemos começar levantando uma questão em vez de um conjunto de suposições. Haveria suficientes diferenças nas crenças básicas e leis, eliminando algumas das exigências comuns para a infância nas economias agrícolas, que pudessem criar diferenças realmente significativas? A China fornece elementos iniciais de comparação. Depois, para se compreender o verdadeiro desafio analítico, pode-se recorrer a materiais do Mediterrâneo e (de forma mais breve, à luz do conhecimento disponível) da Índia.

A China foi a primeira civilização clássica a adquirir um formato razoavelmente claro e isso ocorreu um pouco antes de 1000 a.e.c. Sua cultura e instituições deram forma a uma série de características distintas da infância. O confucionismo e as instituições políticas chinesas, à medida que se foram consolidando durante as dinastias Qin (221-202 a.e.c.) e Han (202 a.e.c. e 202 e.c.), deixaram um marco particular, ligando claramente a infância às características mais amplas da sociedade. Entretanto, outros fatores devem ser considerados, como um padrão complicado de casamento e, mais que isso, uma definição marcante de maternidade, parte da qual complementou a visão oficial, mas outra teve coexistência mais conflituosa.

O confucionismo enfatizava a hierarquia e a ordem, tendo prescrito maneiras e cerimônias formais de reprimir o impulso individual e promover a harmonia. A essência da hierarquia, que via a sociedade dividida entre classe alta e classes baixas, refletiu-se amplamente na infância, separando a infância a ser educada da infância a ser encaminhada para o trabalho. Produziu também – assim como todas as civilizações clássicas – registros muito mais abundantes sobre as concepções da classe mais alta a respeito da infância do que sobre o restante da população. A hierarquização trouxe a prática da ama-de-leite em muitas famílias da classe alta: uma mulher da classe mais baixa que recentemente dera à luz era trazida para o lar para alimentar um novo bebê. Inúmeras famílias se tornaram muito ligadas às amas-de-leite, mas ficava claro que a prática era expressão de um privilégio, liberando mães saudáveis de uma obrigação que podiam achar desagradável.

O confucionismo emprestou uma série de características à infância. Regras elaboradas especificavam como as crianças deveriam prantear os pais mortos – o próprio Confúcio recomendava três anos para pai e mãe, o mesmo lapso de tempo em que uma criança havia sido amamentada. A etiqueta também determinava como os pais deveriam celebrar a morte de um filho, com ênfase considerável em não demonstrar emoção demais. As crianças que morriam mereciam pouca atenção pública de qualquer espécie. Muitos pais insistiam em excessiva formalidade no relacionamento com seus filhos, que deveriam cumprimentar os mais velhos todas as manhãs, perguntar-lhes, no verão, se estavam bem refrescados ou suficientemente aquecidos no inverno. Mais tarde, um manual confucionista aumentou ainda mais o cerimonialismo: numa família bastante ampliada, cada membro tinha um lugar designado num grande saguão num feriado duas vezes ao mês. "O filho mais velho fica à esquerda da porta e a filha mais velha à direita, ambos voltados para o sul, e todos seus irmãos e irmãs devem se curvar para eles sucessivamente [...] todos os maridos sobem então os degraus do lado oeste e as esposas nos degraus do lado leste, onde recebem as reverências de todas as crianças [...] quando essa saudação estiver completada [...] as crianças sobem para os lados oeste e leste da porta e recebem reverências dos irmãos e irmãs menores."

A cultura confuciana, com sua grande preocupação pela preservação da família e sua descendência, estimulava surpreendente número de observações sobre a saúde dos bebês e das crianças. Com subvenção governamental, a natureza prática da ciência chinesa promoveu um grande número de manuais pediátricos, lidando com questões como manter as crianças aquecidas, problemas digestivos e amamentação. Isso foi um padrão que se estendeu pela história chinesa e se popularizou. Se resultou no aprimoramento da saúde dos bebês não se pode determinar com segurança. Uma população robusta pode sugerir algum sucesso, mas o fato é que os chineses não conseguiram mudar muito as altas taxas de mortalidade comum em civilizações agrícolas, nem, é claro, abandonaram o infanticídio. A produção de materiais foi impressionante apesar disso, e pode ter contribuído para o empenho mais recente dos chineses quanto a saúde das crianças.

A arte e literatura chinesa ofereciam poucos registros sobre crianças individualmente. Em vez disso, preferiam usar as crianças como símbolos e modelos de lições morais, como a história sobre uma criança que insistia em respeitar os avós que envelheciam enquanto seus próprios pais se mostravam indiferentes. As crianças na escultura ou pintura eram idealizações genéricas. A data de nascimento de uma criança era registrada cuidadosamente, inclusive o horário de nascimento, porque isso era essencial para os cálculos astrológicos posteriores, incluindo definições como a época certa de casar, no entanto os aniversários não eram celebrados. Em seu lugar, o Ano Novo era usado para adiantar a idade de todos (mesmo para alguém nascido um dia antes do final do ano), uma visão coletiva evidentemente destinada a minimizar a experiência individual.

O confucionismo também tornou mais complexa a definição de infância. A primeira infância era claramente identificada e se encontrava livre de disciplina severa. Cerimônias marcavam o final da infância: aos 15 anos, as meninas podiam começar a usar grampos, e aos 20 anos os rapazes recebiam chapéus. No entanto poderosas famílias ampliadas e a alta valorização da lealdade para com os pais podiam retardar a maioridade completa por um período indeterminado.

Tanto a cultura quanto a lei deram enorme ênfase aos direitos dos pais e ao dever de obediência. Criticar um dos pais poderia acarretar punição. Um filho que chocasse o pai, mesmo que não lhe causasse dano algum, podia ser condenado à morte por decapitação. Em contraste, pais que batiam à vontade nos filhos sofriam punição modesta, mesmo que os matassem. Os pais podiam punir os filhos por preguiça, jogo ou bebida, inclusive banindo-o da família. Cortes de justiça rotineiramente apoiavam os pais: "Quando um pai ou mãe processa um filho, as autoridades aceitam a queixa sem julgamento". Um dito famoso era que "nenhum pai no mundo está errado". Em decorrência disso, era normal os pais arranjarem o casamento dos filhos, começando as negociações assim que a criança nascia e assinando documentos formais quando chegava aos 5 anos, com o objetivo de ampliarem os arranjos de propriedade para a família estendida – tentando combinar extensões de terras, por exemplo, tanto do lado do menino quanto da menina.

Leis que protegiam diretamente as crianças eram menos elaboradas. O desejo de preservar a harmonia familiar estendia-se a alguns esforços para regular as brigas entre irmãos, embora as punições aqui fossem muito menos severas. O Estado tentava proteger mulheres grávidas – era importante o nascimento de crianças. A dinastia Qin permitia a matança de crianças defeituosas, porque os seus cuidados sairiam muito caro. No entanto, por princípio, o infanticídio era banido, embora o cumprimento da lei fosse inconsistente e os castigos muito brandos, e é claro que, em tempos econômicos difíceis, as meninas seriam eliminadas. Famílias pobres também chegavam a vender crianças como escravas quando os tempos eram ruins, como forma de ajudar a economia familiar e diminuir a carga.

O confucionismo estimulava a educação, principalmente da classe alta. Famílias das classes mais baixas tentavam ocasionalmente dar alguma capacitação para as meninas saberem cantar e dançar, esperando vendê-las como concubinas de um homem rico; eventualmente, um garoto talentoso poderia "merecer" educação e depois se tornar protegido de um patrocinador em sua escolaridade mais avançada. Algumas famílias ricas também adotavam crianças como meio de ter herdeiros no caso de não terem filhos, ou sem filhos homens.

Grande número de registros escritos, a partir do período clássico, forneceu recomendações sobre educação. O material poderia ser bem detalhado, indicando tanto a importância do assunto como o formalismo da visão confuciana; ficava também claro que a moral assim como a instrução acadêmica eram essenciais. Escrevendo após o período clássico, em 1062 e.c., Sima Guang mantinha o espírito confuciano: "Com 6 anos, as crianças deveriam aprender o nome dos números [...]. Aos 8 anos quando entram e saem pelas portas e portões [...] precisariam ir depois dos mais velhos. Este é o começo da aprendizagem do respeito. Aos 9, devem ser ensinadas a numerar os dias. Aos 10, devem ser encaminhadas para um mestre externo, e ficar com ele e dormir fora de casa. Passarão a estudar escrita e cálculos". Ainda de acordo com Sima Guang, "as pessoas que não estudam não conhecem o ritual e a moralidade, e aqueles que não conhecem o ritual e a moralidade não podem distinguir o bom do mau, o certo do errado... Desse modo, todo mundo precisa estudar."

Como em todas as sociedades que dão ênfase à educação, os pais têm certas obrigações a fim de assegurar que as crianças se saiam bem. Cabia a eles a responsabilidade de supervisionar a performance dos meninos, sendo que as mães estavam mais envolvidas nessa tarefa. Registros escritos ressaltavam a importância das mães na educação da primeira infância, e mesmo antes, enquanto o feto ainda estava em seu ventre. Uma história famosa sobre a mãe do filósofo Mêncio mostra seu comprometimento. Mêncio tinha entregue um trabalho medíocre na escola. Em vista disso, a mãe abriu mão do ganho de um dia de tecelagem – uma das responsabilidades da dona de casa – para mostrar ao filho que o tempo perdido nunca pode ser recuperado.

O confucionismo era fortemente patriarcal, mas podia dar sinais ambíguos na questão de gênero, que alimentaram concepções chinesas clássicas sobre infância. Por um lado, o papel das mulheres era diferente daquele exercido pelos homens, e as meninas eram consideradas inferiores. Todas as autoridades concordavam que, como resultado, as meninas deveriam receber uma educação distinta, com ênfase nas habilidades domésticas e na submissão. Contudo, havia quem defendesse educação para elas, incluindo escrita e leitura – e aqui novamente estamos falando de famílias de elite. Uma historiadora famosa e autora de importante manual sobre mulheres, Ban Zhao, afirmou que as meninas precisavam ser educadas para aprender seu lugar inferior, assim como as habilidades necessárias para administrar uma casa, uma nítida torção na reciprocidade hierárquica confuciana. No entanto, outras autoridades confucianas estavam mais preocupadas em ressaltar a desigualdade entre os gêneros. Destarte, a idéia de Confúcio de que as crianças deveriam prantear a morte da mãe e do pai da mesma forma foi mais tarde mudada: dava-se a primazia ao pai, argumentando que: "no céu não há dois sóis, nem na terra dois reis... nem na família dois seres igualmente honoráveis".

O confucionismo, respaldado na lei, não era tudo: a infância na China foi também moldada por características adicionais da família – nas classes altas com mais freqüência –, e por divisões emocionais não previstas entre os pais. Outros fatores refletiram diferenças de personalidades individuais e algumas mudanças ao longo do tempo.

Homens da classe alta geralmente tinham mais de uma esposa e era ainda mais comum que sustentassem uma ou mais concubinas. Isso podia causar enorme perturbação dentro da família, incluindo ácidas rivalidades entre meio-irmãos, refletindo tensões entre diferentes mães. "Como as mães têm enormes sensibilidades, os filhos se separam em facções." Isso não era, é claro, uma situação compatível com as preocupações de Confúcio, justificando a ênfase na obediência e no cerimonial. Entretanto, ainda assim as discórdias poderiam vir à tona. Se uma primeira esposa não tivesse filhos homens – uma das razões para que seu marido pudesse ligar-se a uma concubina –, ela tentaria tomar conta da criação do filho da concubina, com o fim de consolidar seu poder dentro da família, mesmo à custa de confundir a quem o menino deveria ser leal.

Autobiografias de adultos da alta classe, a partir do período Han, raramente mencionavam a figura do pai. O pai emergia como figura autoritária distante, que às vezes estimulava a educação. Os laços emocionais, entretanto, pareciam ser caracteristicamente débeis. Em contraposição, a ligação com a mãe era extraordinariamente intensa, refletindo a experiência da infância e sua continuidade na maioridade. A cultura chinesa ressaltava a importância e também as difíceis responsabilidades das mães. A insistência confuciana no dever de lealdade para com os pais podia obviamente reforçar um sentimento de obrigação – como no ditado "enquanto seus pais estão vivos, um filho é sempre um menino". No entanto, a desproporção dessas ligações com as mães não decorria da doutrina, mas de uma realidade psicológica distinta, possivelmente formada em reação às características confucianas, que enfatizavam demais o poder hierárquico do pai. Um quadro do período Han exibe o modelo resultante: uma mulher idosa, que se apoia para não cair enquanto bate no filho adulto, tão dedicado que sua única preocupação é sua frágil mãe não se machucar ao seguir batendo. Estudiosos afirmaram que esse laço intenso com as mães criou pressões psicológicas nas crianças e jovens chineses, distintas daquelas desenvolvidas em outras sociedades.

Um historiador sugeriu recentemente uma linha complementar de análise, observando que em algumas famílias mães e pais eram de fato ativos colaboradores em questões da criação. Dado o patriarcalismo pronunciado da cultura chinesa, a mãe amiúde era a única mulher que um homem realmente chegava a conhecer bem, ou podia amar sem reservas. O mesmo acontecia com as mães, a respeito de seus filhos homens, os únicos homens que elas conheciam bem e amavam intensamente. Por isso, há uma ênfase nas homenagens à mãe, com histórias de cortar o coração, de homens servindo às mães doentes ou viúvas como demonstração de sua grande devoção.

É evidente que a infância chinesa nem sempre foi uniforme ou estática, apesar das características gerais. Algumas famílias podem ter sido menos obstinadas do que a norma confuciana, expressando afeição de maneira mais aberta. As meninas, com freqüência, eram valorizadas muito mais do que a doutrina oficial dava a entender. O pai parecia preferir as meninas nas relações do dia-a-dia, dando-se como exemplo o homem que comentou "à noite quando chego em casa ela me recebe com um grande sorriso". Todavia, foi também no período pós-clássico que famílias da classe alta começaram a introduzir a dolorosa e debilitante prática de amarrar os pés das meninas. A morte de uma criança, mesmo que pequena, podia provocar uma intensa dor. Um imperador insistiu em decretar luto público em homenagem a sua filha que havia morrido antes de completar 1 ano, apesar de seus conselheiros terem lhe mostrado quão inapropriado seria. Considerações sobre o luto parecem ter sido mais comuns depois do período clássico, sob a dinastia Tang. Um poeta expressa sua dor ao visitar o túmulo da filha: "Ao chorar por você eu podia ver seus olhos e seu rosto. Como poderei alguma vez esquecer suas palavras e expressões?". Outras mudanças na China pós-clássica incluíam abordagens revisionistas da educação, que defendiam menos disciplina, mais espontaneidade e estimulavam as brincadeiras. A infância chinesa adquiriu uma estrutura definida e distinta, e muitos aspectos mostraram-se duradouros, no entanto, podiam também ser modificados e desafiados.

As sociedades clássicas do Mediterrâneo não ofereciam uma bagagem cultural consistente como o confucionismo, que poderia servir aos contemporâneos para moldar a infância de seus filhos, e aos historiadores modernos, como porta de entrada para um assunto em geral privado. Felizmente, uma grande parte da cultura grega e particularmente a romana apresentam informações curiosas que permitem uma especulação comparativa.

Usando a China como ponto de partida, três características da infância do mediterrâneo clássico se sobressaem. (Isso além de algumas importantes diferenças na natureza das fontes disponíveis e algumas variações internas regionais significativas – por exemplo, na infância de Esparta, em que o infanticídio não parece ter sido praticado, ao contrário de Atenas.)

- Primeiro, registros da civilização mediterrânea clássica evidenciam ligações menos intensas das crianças com os pais, e mais particularmente com as mães, do que ocorria na China no mesmo período. Certamente, os comentaristas romanos observaram que as mães eram mais abertamente carinhosas com as crianças do que os pais, porém o intenso laço característico da China não se fazia presente. Isso não significa que, como parte das experiências individuais, os vínculos nunca se formassem, simplesmente eles não se sobressaíam como norma. Uma das razões era o tamanho da comunidade adulta que cercava as crianças. Em muitas residências, especialmente na elite, o número de adultos com os quais as crianças interagiam, que incluíam habitualmente amas-de-leite, tornava difuso o foco emocional das crianças, provavelmente de maneira mais ampla do que ocorria na China. Os pais, embora figuras disciplinadoras, envolviam-se provavelmente mais com a primeira infância, afastando a atenção do foco materno. E as famílias do Mediterrâneo eram de alguma forma menos estáveis do que as da China, com divórcios mais freqüentes ou rompimentos, pelo menos no período romano. Havia também menos rivalidade interna entre, por exemplo, esposa e concubina, do tipo que levava as mães chinesas a intensificar seus laços com os filhos. Padrões e interações emocionais eram de certa forma diferentes.

- O estilo artístico desenvolvido na Grécia e em Roma, com seu compromisso em delinear características individuais, debruçando-se em representações da infância. (Isso podia refletir um interesse ainda mais profundo na individualidade das crianças. Nesse ponto surge a questão: o que vem antes, o estilo ou a visão da infância?) As crianças aparecem com freqüência em frisos e outras representações artísticas e suas imagens são muito menos estilizadas do que na arte chinesa.

- O debate grego e, em especial, o romano sobre a infância envolvia uma preocupação muito mais aberta com relação à juventude do que na China, em que o confucionismo apresentava ideais de hierarquia e obediência tão estritos que limitavam discussões abertas. A cultura mediterrânea tinha certa admiração pela juventude, inclusive o físico juvenil. Mas a juventude era também vista como tempo de turbulência e inquietação, um estado indesejável e mesmo perigoso, devendo-se chegar o mais rápido possível ao estágio adulto. Nesse sentido, o filósofo ateniense Sócrates tentou desenvolver qualidades juvenis com espírito mais crítico, mas foi punido pelo esforço, precisamente porque sua sociedade preocupava-se com erros da juventude, que poderiam prejudicar a harmonia política. A elite grega (e na prática alguns romanos também, embora os hábitos gregos fossem oficialmente reprovados) também aceitava relações freqüentes entre adultos e jovens do sexo masculino, mostrando reconhecimento de qualidades positivas na juventude – nesse caso estética e sexual – insistindo, entretanto, na necessidade da orientação dada pelos adultos. E havia finalmente uma dor mais aparente por ocasião da morte de um garoto adolescente na cultura mediterrânea clássica do que na China, combinando a lamentação explícita com cerimônias funerárias elaboradas, que pranteavam tanto a perda pessoal quanto o golpe na família, que via o futuro de sua manutenção comprometido. Novamente a questão se prende à complexidade da juventude, como categoria, na cultura mediterrânea, os diversos estímulos e apreciações envolvidos, em comparação com a China. Será que isso também se ligava com um reconhecimento maior da individualidade das crianças na arte, determinando uma distinção básica ainda maior de abordagem?

Ao lado dessas diferenças instigantes, derivadas de variações tanto na cultura quanto na estrutura familiar, havia uma série de semelhanças, mais surpreendentes pelo fato de as duas sociedades não terem tido contato significativo de qualquer espécie. Algumas das semelhanças são bem previsíveis, mas outras indicam um laço comum mais profundo entre as infâncias do que se poderia esperar de sistemas culturais e políticos tão diferentes.

Diversas semelhanças óbvias decorriam das necessidades de controle da natalidade e da alta taxa de mortalidade infantil, características das sociedades agrícolas. O infanticídio feminino era amplamente adotado. Segundo estimativas, 20% das meninas nascidas em Atenas foram eliminadas. Roma pode ter sido um pouco mais condescendente, mas também se descartou de alguns meninos. O Império Romano (a exemplo da China) aprovou leis contra a prática, embora sem grande convicção. Os romanos também experimentaram métodos de contracepção e aborto. Como também na China, as mortes de crianças pequenas não recebiam muita atenção. Um autor grego, Epíteto, observou que "Quando você beija seu filho, você diz a si mesmo 'Talvez ele esteja morto amanhã'". O escritor romano, Plutarco, notou que quando as crianças morriam "as pessoas não ficavam a sua volta por longo tempo nos funerais ou visitavam suas tumbas". Havia cerimônias para marcar o nascimento de uma criança depois de oito dias, com um colar, ou *bulla*, oferecido para evitar maus espíritos. Como na China, as famílias do mediterrâneo clássico também faziam cerimônias para marcar a maturidade dos garotos, por volta dos 15 anos. Em Roma, isso compreendia passar a usar roupas de adulto – a toga – e remover a *bulla*. Pouca atenção literária era dispensada a crianças pequenas, e o interesse por elas era escasso nos compêndios médicos.

A cultura mediterrânea clássica realçava as distinções entre meninos e meninas, embora, a exemplo da China, isso não fosse de fato algo absoluto. Os meninos recebiam mais habitualmente ensino escolar, contudo meninas das classes altas algumas vezes também dispunham de preceptores e havia algumas escolas para elas. Nas sociedades clássicas, o que não é de causar surpresa, o acesso à escolaridade distinguia a classe alta das classes baixas, embora, de certa forma, a escolaridade, como forma de promover futuros avanços para os filhos, se estendesse às camadas inferiores às da elite. O conteúdo do ensino era diferente na China e no Mediterrâneo – havia muita atenção para retórica e oratória na Grécia e em Roma –, mas tanto a China quanto o Mediterrâneo mostravam considerável interesse em história e literatura clássica e davam ênfase à memorização. E ainda que as maneiras de se comportar impostas às crianças da elite fossem menos elaboradas na região do Mediterrâneo do que na China de Confúcio, instruções sobre "a maneira de andar... maneira de comer" constituíam parte importante da educação responsável.

Disciplina e obediência estavam bem presentes, uma característica clara mas menos previsível das duas civilizações clássicas. Tanto a literatura de aconselhamento quanto as leis enfatizavam a autoridade dos pais, principalmente a paterna: "quem pode criar filhos, a menos que tenha o poder de mando?" ou ainda "o senhor e o pai são uma pessoa só". Traços do pensamento de Confúcio na China poderiam ser equiparados às referências à escravidão no Mediterrâneo: o idioma diferia, mas o resultado era o mesmo. Mesmo pais da elite, que mandavam os filhos para tutores e depois para escolas, admitiam que uma disciplina severa fosse essencial para manter os garotos na linha. O ambiente imposto às crianças utilizadas no trabalho, em outras palavras, se transferia até mesmo à minoria de filhos privilegiados que recebiam educação, e não havia nenhum pressuposto de que crianças, como categoria social, devessem gostar de aprender. Ambas as sociedades brigavam com crianças que não davam o braço a torcer, escapavam do regime opressivo familiar para se engajar no exército ou alhures. A ênfase na obediência, suplementada por laços emocionais e promessas sobre herança, funcionava em muitos casos, mas também podia causar revolta, e as duas sociedades clássicas – como as sociedades agrícolas em geral – enfrentaram esse problema.

A exemplo da China, a cultura mediterrânea mostrava pouco apreço pelas qualidades infantis. Os adultos viam algum valor na inocência e no jeito brincalhão das crianças –, presenteavam-nas com brinquedos, e as destinavam a algumas funções específicas em festivais religiosos. No entanto, muitos dos principais pensadores, Platão e Aristóteles inclusive, insistiam na necessidade de regulamentar desde cedo as brincadeiras. Acima de tudo, a criança era mais apreciada quando apresentava uma seriedade de adulto. A razão principal de se associar a cegonha com crianças implicava a crença de que cegonhas jovens ajudavam seus pais. Os romanos louvavam reiteradamente o *puer senex,* a "criança senil". O naturalista e escritor romano Plínio elogiou uma menina por seu "senso maduro de discrição, sua modéstia matronal". As crianças viviam para trabalhar (ou estudar) e se preparar para dar seqüência à trajetória da família, não para expressar ambição pessoal ou individualidade. As leis, a par de cultuar a autoridade dos pais e promover a harmonia familiar sob a orientação dos pais, destinavam-se principalmente a assegurar que os filhos tivessem acesso adequado à propriedade, o que era crucial para preservar a família. Boa parte da legislação romana destinava-se a definir os direitos de propriedade para filhos ilegítimos ou adotados ou definir o *status* social de crianças nascidas de um casal misto, um escravo e o outro livre. A preocupação geral com relação à juventude refletia o interesse fundamental de promover a aceitação da autoridade da família e, tanto quanto possível, o rápido amadurecimento.

Com efeito, tanto a China quanto o Mediterrâneo defendiam a maioridade precoce, mas dependente. Era possível o casamento cedo (aos 12 anos para as meninas em Roma) em ambas as sociedades. E ainda, os escritores romanos definiram não apenas um período de juventude, mas um período de maioridade ainda jovem, ao redor dos 35 anos, quando as pessoas ainda não eram capazes de raciocinar de maneira confiável – uma boa base para a afirmação do controle maduro de adultos, semelhante aos padrões recomendados na China e refletindo a esperança de manter as pessoas jovens úteis para seus pais idosos no contexto maior da sociedade agrícola.

Por fim, decorrente dessa estrutura geral, a infância era dificilmente lembrada com saudade por aqueles que já tinham passado essa fase – e novamente aqui existe uma curiosa semelhança entre as duas sociedades clássicas. As reminiscências adultas no Mediterrâneo raramente mencionavam a infância, da mesma forma que as observações chinesas, sempre caracteristicamente esparsas, exceto em uma ou outra ocasião quando se referiam às mães.

No geral, o período de infância na China e na região mediterrânea na Era Clássica apresentavam mais pontos em comum do que contrastes, apesar de algumas nuanças curiosas – como o amor materno chinês ou a preocupação mediterrânea com a mocidade. É curioso que culturas diferentes tenham produzido poucas distinções no tratamento da infância, compartilhando por exemplo um desejo comum de tornar a criança o mais útil possível, ao mesmo tempo levando em conta a alta taxa de mortalidade bem como a limitação das perturbações infantis.

Mesmo na China e no Mediterrâneo, as famílias individualmente podiam modificar a estrutura, apresentando uma afeição incomum ou um verdadeiro prazer em participar das brincadeiras infantis. Em ambas as sociedades, surgiram manifestações de condescendência maior em relação às crianças, durante o período imperial em Roma ou durante a dinastia Tang pós-clássica na China, refletindo talvez novas opções ao lado de acentuada prosperidade e estabilidade política. Escritores romanos um pouco mais tarde, por exemplo, mencionaram como os pais estavam "estragando as crianças desde o berço". Todavia, essa inclinação só ressaltou a surpreendente semelhança entre as duas sociedades clássicas mais importantes, modificadas apenas por algumas distinções reveladoras, decorrentes de culturas e estruturas familiares distintas. Mesmo admitindo a conveniência de análises comparativas mais extensas, é provável que os imperativos básicos das civilizações agrícolas – a necessidade de contar com o trabalho, e por conseguinte a obediência, de crianças mais velhas, o uso de códigos legais para expressar e, em certa medida, reforçar a inferioridade das crianças, a distinção básica evidente entre crianças da elite e das classes comuns em torno da existência ou ausência de educação significativa, e, é claro, a ênfase no gênero – anulassem o impacto de sistemas de crenças diferentes, políticas diferentes e mesmo alguns aspectos da estrutura familiar.

A infância na Índia clássica era outro caso, ao menos à primeira vista, oferecendo surpreendentes contrastes tanto com a China quanto com o Mediterrâneo, particularmente em função da importância da religião, que evoluiu para o hinduísmo durante aquele período. Novamente surge a questão de o que veio antes: atitudes em relação às crianças pequenas refletiam uma visão maternal distinta, visando claramente a assegurar uma lealdade perene. Isso veio a ter alguma correlação com a noção de boas vindas a uma nova criança, como um indivíduo, dentro de uma comunidade religiosa. Entretanto, a relação inicial entre a cultura da família e a cultura religiosa não está inteiramente clara.

Em contraposição com as duas sociedades clássicas mais seculares, a religião da Índia, como se poderia prever, fornecia um leque maior de rituais envolvendo crianças, destinado a marcar os estágios de seu avanço espiritual, assim como evitar doenças e maus espíritos. O processo começava no nascimento, quando o pai respirava sobre a criança três vezes, invocando o Vedas santo e recitando fórmulas contra doenças. Um nome religioso secreto era dado à criança nesse momento. Com dez dias de vida um nome era publicamente revelado. Cerimônias adicionais para meninos da classe brâmane sacerdotal ocorriam aos 3 anos, incluindo o ritual do corte de cabelo. A iniciação de meninos das castas altas na instrução de rituais ocorria aos 8 anos (para os brâmanes) ou 11-12 anos (para as duas castas seguintes). Uma série de cerimônias marcava os estágios na educação. Por exemplo, quando os estudos eram completados na casta dos mercadores, geralmente aos 16 anos, o aluno era barbeado pela primeira vez e depois, com uma complexa variedade de roupas e jóias, o jovem tomava um banho ritual e encenava uma adoração ao sol. Ele também oferecia uma vaca a seu guru ou professor de religião. Em seguida, o jovem passava ungüento no corpo e aceitava um turbante do guru, o que marcava seu avanço espiritual. Um bastão recebido como presente tinha o objetivo de resguardá-lo de ladrões e das fraquezas humanas. Por fim, o graduado depositava um lenho escolhido no fogo sagrado, e passava o resto do dia meditando em solidão. Depois de uma refeição cerimonial com seu guru, voltava para casa (prestando atenção em dar o primeiro passo com o pé direito), e recebia as boas-vindas com honras de seus pais e habitantes da aldeia. Logo em seguida, contraía matrimônio. Cerimônias igualmente elaboradas, com características diferentes, eram aplicadas a outras castas e ocasiões, como marcos religiosos da infância e do avanço em direção à maturidade.

Paralelamente ao ritual, o hinduísmo também estimulava uma visão bastante tolerante quanto às crianças pequenas. Mesmo antes do nascimento, as mães recebiam atenção especial a fim de estimulá-las a promover uma criação saudável. A criança era tratada como um convidado de honra: os primeiros rituais a credenciavam como indivíduo aceito perante a religião, com individualidade inata, um participante na ordem divina, embora não totalmente maduro. Amamentação era parte da responsabilidade materna, e podia continuar, como refeição, mesmo quando a criança já comia alimentos sólidos. Pouca disciplina era aplicada por pais devotados e outros adultos na casa. O treinamento de higiene era postergado até que a criança se oferecesse, de forma espontânea, com a participação de membros da casa, para limpar qualquer sujeira. A família oferecia brinquedos como piões e bolas de gude. Era a época de estimular a fantasia da criança, mantendo-a afastada de excessivo contato com a realidade do adulto. As mães dedicavam imensa atenção a esse estágio da infância e eram normalmente recompensadas com profundo afeto, mesmo quando as crianças se tornavam adultos.

Outros aspectos da infância indiana, no entanto, se alinhavam com a norma familiar de então. Embora o infanticídio não fosse enfatizado, ocorria de fato, particularmente com bebês do sexo feminino. O trabalho era o destino da maioria das crianças desde pequenas, e a completa tolerância, até para a primeira infância, era possível apenas nas famílias mais ricas, numa sociedade profundamente marcada por divisões sociais. Distinções de gênero eram enormes. As meninas podiam receber alguma educação religiosa dos pais, porém a escolaridade não era considerada essencial para elas, mesmo nas castas mais altas. Havia até um certo valor em ser ignorante, quando se tratava de mulheres. Casamento precoce para as meninas era normal, antes que a excitação sexual pudesse prejudicar a pureza. Os casamentos eram negociados entre os pais. As leis de Manu propunham a idade de 8 anos, embora com alguma liberdade, porém outras autoridades defendiam o casamento mais cedo, aos 4 anos, e nunca depois dos 10. Meninas casadas não se juntavam necessariamente aos maridos até ficarem mais velhas, mas a importância do controle sexual era evidente.

Meninos de casta mais alta enfrentavam um padrão diferente, de certa forma mais complexo. Depois dos primeiros anos de liberdade, o garoto passava a receber educação e disciplina do pai. Como na China, o pai era uma figura distante para o menino (o que não acontecia com as meninas, a quem os pais podiam amar mais livremente). Muitos meninos eram enviados a gurus para educação religiosa, que incluía escrita, leitura e matemática. A saúde merecia cuidados para que os objetivos espirituais pudessem se sobrepor às necessidades físicas. Era uma vida disciplinada. Fato é que os gurus preferiam controlar os alunos pelo exemplo e persuasão, usando punição física como último recurso. Nesse sentido, os últimos anos da infância das castas mais altas diferiam de suas congêneres na China e no Mediterrâneo. Porém, podiam ocorrer surras dadas pelos pais e professores; a necessidade de reconhecer a autoridade do adulto era óbvia. Os deveres laborais se combinavam com o estudo e rapazes eram responsáveis por preparar a comida e juntar lenha para o grupo. Embora o conteúdo das lições diferisse de outras civilizações clássicas, mais seculares, ênfase similar era aplicada para uma intensa memorização. O controle da juventude mediante educação austera, trabalho ou casamento precoce, era claramente aplicado na Índia. As características mais distintivas dessa infância encerravam o que deve ter sido uma extraordinária transição entre os primeiros anos de condescendência e as exigências dos estágios subseqüentes antes da idade adulta.

As civilizações clássicas não oferecem uma resposta precisa ao equilíbrio entre a diferenciação e a existência de atributos comuns. Culturas e também estruturas familiares variavam e davam origem a distinções importantes nas idéias e práticas que diziam respeito à infância. Alguns padrões, como a insistência chinesa em incutir comportamentos esmerados ou o empenho indiano em estimular a imaginação das crianças, sobreviveram largamente ao período clássico, influenciando as visões da infância até os dias de hoje. A cultura tinha importância, particularmente quando tomava a forma de uma religião poderosa, como o caso indiano dá a entender.

Variações isoladas nas sociedades mais importantes também tornam complexa a análise. Muitos pais eram visivelmente mais carinhosos ou sensíveis ao pesar do que as recomendações oficiais poderiam indicar. Certos conselhos buscaram restringir a severidade dos pais, defender menos disciplina nas escolas e mais atenção para estilos particulares de aprendizagem.

Não obstante, o poder do modelo agrícola básico de infância também está presente. Necessidades semelhantes para absorver as mortes freqüentes de crianças pequenas e também para limitar as taxas de natalidade atravessaram as sociedades clássicas em especial da China e do Mediterrâneo. Ainda mais interessante, porque menos evidente, é a ênfase comum sobre disciplina e obediência mesmo para crianças da elite que tomavam lições em vez de trabalhar. Consistia numa atitude deliberada de tornar as crianças seres produtivos e incutir hábitos que as mantivessem ligadas à família, mesmo depois de crescerem e atingirem a idade adulta. Também na Índia, a submissão a condições de austeridade e a disciplina depois da primeira infância indicavam a necessidade geral de ligar as crianças a um senso de dever. Ficava claro que, embora os pais se encantassem com as crianças e suas brincadeiras, e a cultura indiana atribuísse especial atenção aos primeiros anos de vida da criança, não se esperava que a infância como um todo devesse ser particularmente um tempo de felicidade, e isso aparece nas recordações de adultos sobre suas primeiras experiências. Certas civilizações podiam apresentar algumas variações sobre o modelo básico e sem dúvida implementar isso de várias maneiras, mas o leque era mais modesto do que se poderia esperar pelas diferenças entre as sociedades em outros aspectos. Em suma, formas políticas distintas tinham efeitos limitados sobre a infância, em parte porque o Estado era algo remoto ao cotidiano da família e por outro lado porque, apesar das diferenças, os códigos legais tendiam a enfatizar preocupações semelhantes sobre obediência e hierarquia social. As culturas tinham um alcance um pouco maior, como o confucionismo e particularmente o hinduísmo, mas eles também impunham uma definição bastante utilitária da infância. As crianças do período clássico conquistaram inquestionavelmente algum espaço para si, mas a infância no período clássico era um negócio sério.

Para saber mais

Sobre a China: Patricia Ebrey, *Confucianism and Family Rituals in Imperial China: a social history of writing about rites* (Princeton, NJ: Princeton University Press, 1991) e *Women and the Family in Chinese History* (New York: Routledge, 2003); Michael Loewe, *Everyday Life in Early Imperial China during the Han Period 202 BC-AD 220* (New York: G. P. Putnam's Sons, 1968); Hugh D. R. Baker, *Chinese Family and Kinship* (New York: Columbia University Press, 1970); Lisa Raphals, *Sharing the Light: representations of women and virtue in early China* (Albany: State University of New York Press, 1998). Anne Behnke Kinney, *Chinese Views of Childhood* (Honolulu: University of Hawaii Press, 1995) é excepcionalmente útil; veja também seu livro *Representation of Childhood and Youth in Early China* (Stanford, CA: Stanford University Press, 2004). Um livro recente que focaliza um período posterior é indispensável: Ping-chen Hsiung, *A Tender Voyage: children and childhood in late imperial China* (Stanford, CA: Stanford University Press, 2005).

Sobre a Índia: Sudhir Kakar, *The Inner World: a psycho-analytic study of childhood and society in Índia* (Delhi: Oxford University Press, 1978); S. Vats e Shakuntala Mudgal, eds., *Women and Society in Ancient India* (Faridabad, India: Om Publications, 1999); Jeannine Auboyer, *Daily Life in Ancient India from Approximately 200 BC to 700 AD* (New York: Macmillan, 1965).

Sobre o Mediterrâneo: Suzanne Dixon, *The Roman Family* (Baltimore, MD: Johns Hopkins University Press, 1992) and ed., *Childhood, Class and Kin in the Roman World* (New York: Routledge, 2001); Cynthia Patterson, *The Family in Greek History* (Cambridge, MA: Harvard University Press, 1998); Sarah Pomeroy, *Families in Classical and Hellenistic Greece: representations and realities* (Oxford: Clarendon Press, 1997); Beryl Rawson, *Marriage, Divorce and Children in Ancient Rome* (Oxford: Oxford University Press, 1991) e *Children and Childhood in Roman Italy* (Oxford: Oxford University Press, 2003); Emil Eyben, *Restless Youth in Ancient Rome* (London: Routledge, 1993). Veja também Geoffrey Nathan, *The Family in Late Antiquity: the rise of Christianity and the endurance of tradition* (New York: Routledge, 2000).

A infância na era pós-clássica: o impacto das mudanças religiosas

Todos os historiadores observam mudanças fundamentais entre os anos 500 e 1450, após a queda dos impérios clássicos, entre elas a expansão da civilização, como forma de organização humana, para outras regiões e a fragmentação do mundo mediterrâneo. Tornaram-se crescentes os contatos comerciais, mediados particularmente por mercadores islâmicos do Oriente Médio. Os séculos finais do período pós-clássico incluem mais rotas internacionais, na Afro-Eurásia, sob a égide do Império Mongol e depois, por um certo período, as grandes viagens comerciais chinesas do início do século xv. Imitações das sociedades estabelecidas pelos recém-chegados – o Japão deliberadamente copiou a China, a Rússia imitou o Império Bizantino – também marcaram esse período. Por fim, após o final do período clássico, a expansão das grandes religiões mundiais, os credos missionários do budismo, da Cristandade e a mais recente (neste momento) bem-sucedida entrada do Islã, marcam um importante conjunto de mudanças culturais e institucionais por toda a Ásia, África e Europa. Tudo isso ocorreu, é preciso que se lembre, em economias ainda predominantemente agrícolas: desse modo, continuamos a examinar possíveis mudanças na infância num contexto basicamente agrícola. A expansão da própria agricultura – por exemplo, em direção ao sul e ao leste da África, com as migrações Bantus – trouxe em conseqüência mudanças fundamentais em certas regiões.

Nem todos os desdobramentos do período pós-clássico tiveram uma relação específica com a infância, apesar da inegável importância para a história geral – pelo que se sabe. A expansão do comércio estimulou o crescimento de cidades, particularmente em lugares como a China, e isso significou que mais crianças se envolveram com a manufatura e a aprendizagem, embora a maioria ainda permanecesse na área rural. A imitação cultural poderia afetar crianças da classe mais alta, trazendo novos estilos de vestuário e comportamento para o Japão, por exemplo, ou novos níveis de aprendizagem de escrita e leitura. As incursões mongóis certamente trouxeram penúria para crianças e adultos, porque os mongóis eram guerreiros implacáveis. Contudo, não há como se atrever a discutir um "impacto mongol" mais amplo sobre a infância. A expansão da civilização, como forma de organização, em direção à Rússia, Japão, norte da Europa e outras partes da África, significava nova exposição à escolaridade formal para minorias de crianças e códigos legais mais formais, com padrões já familiares pelo impacto anterior da civilização em outros quadrantes.

Mudanças religiosas constituem outro tema, implicando aparentemente várias alterações relevantes na infância, longe dos padrões clássicos, e estimulam ao mesmo tempo um novo conjunto de comparações, pois cada religião tinha seu próprio conceito do que a infância era e como as responsabilidades religiosas das crianças deveriam ser definidas. Já vimos que algumas das conseqüências do hinduísmo consistiram em moldar, no período clássico, aspectos da infância distantes dos padrões das sociedades em que uma ênfase religiosa abrangente estivesse faltando. A expansão das grandes religiões para outras sociedades acabou adotando alguns dos mesmos caminhos que o hinduísmo havia desenvolvido ao tratar da criança como ser espiritual.

As principais religiões não eram semelhantes entre si, o que implica novas comparações, dando-se atenção às causas mais gerais de mudança. Comparações entre religiões é algo reconhecidamente delicado, e cada religião escolhe aspectos relevantes que o leitor contemporâneo pode julgar melhores ou piores, lançando luz sobre a religião mais amplamente e sobre atuais associações religiosas. Neste capítulo iremos levar em consideração as implicações das práticas religiosas mais amplas relacionadas à infância, e em particular os pontos de vista do budismo e do islamismo. Comparações com o cristianismo, como elemento central da mistura de fatores que moldaram a infância na Europa Ocidental, serão desenvolvidas no próximo capítulo.

A natureza das religiões mundiais em expansão, e sua aplicação à infância, modificou parcialmente os padrões predominantes no período clássico. Infâncias na China e no Mediterrâneo clássico, como vimos, mais se assemelhavam do que diferiam. Eram moldadas principalmente às necessidades da sociedade agrícola, incluindo-se a insistência na obediência e na transição controlada para a seriedade da idade adulta, pelo suporte institucional que novos arranjos legais e políticos davam à inferioridade das crianças, e pela distinção básica entre infâncias de elite (os escolarizados) e comum (os que trabalhavam), mais que por componentes culturais ou políticos específicos. Em decorrência disso, as infâncias no período clássico variaram menos entre as sociedades do que no caso dos grupos caçadores-coletores, em que uma dependência menor do trabalho infantil criou mais opções.

O novo compromisso com religiões missionárias alterou essa equação, produzindo um maior número de diferentes idéias e visões sobre crianças do que as que caracterizaram os séculos clássicos. Ao mesmo tempo, as religiões incluíram uma certa quantidade de padrões comuns de mudança e continuidade do período clássico, o que se constituiu em outra importante evolução.

As religiões compartilhavam algumas idéias dignas de nota sobre a infância, que as distinguiam, coletivamente, das visões predominantes no período clássico, particularmente na China e na região mediterrânea. Textos da maioria das grandes religiões enfatizavam a importância das crianças. As religiões que surgiram no Oriente Médio – cristianismo e islamismo, e antes, o judaísmo – todas ressaltavam o orgulho e a responsabilidade dos pais, principalmente da figura paterna (embora o cristianismo, em especial, guardasse uma imagem forte da mãe amorosa de Jesus). Essas religiões também ressaltavam a importância da obediência aos pais – "honra teu pai e tua mãe" –, o que poderia respaldar uma série de esquemas disciplinares. Isso foi mais desenvolvido pelo cristianismo, com referência a Deus, o Pai na Trindade, o que pode ser tomado como um arquétipo para o pai na família. (Bem verdade que alguns escritores cristãos observaram que, para as crianças, amar os pais deveria ser secundário à devoção a Deus. Isso poderia introduzir uma nota discordante se tomado ao pé da letra. Todavia, o tema da obediência, de forma geral, predominava.) É claro que as religiões ofereciam novas palavras para manter uma bem estabelecida importância reservada à infância no contexto de uma sociedade agrícola. No início, o cristianismo chegou a desaprovar manifestações de pesar que alguns romanos realizavam pela morte dos filhos adolescentes, defendendo um "luto interno" maior e um reconhecimento de que a vontade de Deus deveria ser feita e que muita demonstração de sofrimento poderia anular uma adequada adoração ao Senhor. Neste ponto, embora com distinta linguagem, houve um retorno às reações menos expansivas quando da morte de crianças, pelo menos na retórica oficial, característica das sociedades agrícolas de forma geral.

Além do louvor às crianças e aos cuidados maternais e paternais, as grandes religiões trouxeram dois outros elementos à infância, capazes de gerar mudança significativa. Todas, de uma maneira ou outra, ressaltavam um elemento divino em cada ser humano – uma alma ou alguma participação na essência divina. Essa crença – com muitas variações específicas –, por sua vez, realçava um sentido de responsabilidade pela proteção das crianças como criaturas de Deus ou partícipes do vínculo com o divino. Em particular, as grandes religiões – e também o judaísmo – se opunham vigorosamente ao infanticídio, que tinha sido amplamente praticado em muitas áreas dominadas por crenças seculares ou politeístas. Um dos primeiros resultados do cristianismo, ao ganhar terreno no final do Império Romano, foi, por exemplo, o de tornar público éditos declarando ilegal o infanticídio. Nessas condições, um imperador cristão em 374 e.c. decretou que "se alguém, homem ou mulher, cometer o pecado de matar uma criança, esse crime deve ser punido com a morte". Leis para proteger as crianças proliferaram, incluindo esforços para banir a venda de crianças. Os primeiros cristãos chegaram a tentar desencorajar o uso de amas-de-leite, para proteger as crianças e aumentar os laços entre a mãe e o filho. O Islã, da mesma forma, rapidamente desenvolveu recomendações de proteção às crianças. Maomé em particular renunciou à tradição árabe do infanticídio, e aqui também houve tentativas de evitar a venda de crianças. Embora a adesão às várias medidas de proteção fosse imperfeita e houvesse muitas maneiras de pôr em perigo as crianças sem recorrer ao infanticídio, a taxa de matança de crianças como forma de controle da natalidade provavelmente declinou sob a égide das grandes religiões. A prática continuou mais claramente em áreas como a China, em que as religiões tinham postura menos rígida. As crianças eram parte da comunidade religiosa desde o nascimento e isso tinha importantes implicações no próprio comportamento.

As grandes religiões davam atenção à necessidade de educação religiosa para as crianças (como o hinduísmo e o judaísmo durante muito tempo), ministrando rituais específicos logo após o nascimento, a fim de darem início à ligação entre as crianças e a religião, e depois, pelo menos para algumas crianças, oportunidades de educação religiosa formal. Esse foi o segundo impacto geral da nova onda religiosa. Houve um duplo resultado: a redefinição do que era educação – um objetivo inicial dos educadores cristãos, atacando o currículo clássico no Mediterrâneo, em prol da edificação espiritual e, no geral, o afã de estender elementos de educação de forma mais ampla do que nos séculos clássicos. Por vezes, para as famílias de camponeses ou de trabalhadores em que o trabalho das crianças permanecia essencial, a educação religiosa consistia em incutir certas passagens memorizadas, que podiam servir de rezas e de habilitação para o ingresso formal na maturidade religiosa. Entretanto, não há razão para superestimar as mudanças. Para uma minoria, porém, todas as grandes religiões forneciam ricas doutrinas e moral e leis que podiam inspirar erudição significativa e o tipo de escolaridade que esse conhecimento, por sua vez, requeria. Muitos pais, particularmente nas famílias de elite, estavam interessados em identificar crianças com aptidão para esse tipo de educação. Duas das grandes religiões (e também o judaísmo) eram especificamente religiões do livro, e esse fato poderia motivar maior disposição à alfabetização, de sorte a permitir acesso à Bíblia ou ao Corão mesmo sem profundo compromisso com alcançar um alto nível de erudição religiosa. As grandes religiões, em outras palavras, tanto estimulavam a escolaridade quanto se curvavam a ela, afetando de certa forma muitas crianças e propiciando para poucas o acesso a vocações acadêmicas e espirituais. Por volta de 1000 e.c., e fora da Ásia Oriental, onde o confucionismo influiu na maior parte da educação disponível, quase toda a escolaridade se dava sob orientação religiosa e, pelo menos oficialmente, com prioridade para objetivos religiosos. A severidade e a disciplina física acabaram persistindo – não houve constância na revisão cuidadosa de tradições educacionais anteriores –, mas concretamente houve mudança.

Além dos dois impactos básicos, as grandes religiões introduziram algumas novas tensões na questão de gênero relacionada à infância. Por um lado, todas enfatizavam – e isso era parte da idéia de alma ou participação na essência divina – que as meninas assim como os meninos compartilhavam a vida e as oportunidades religiosas. Abrandavam as afirmações de desigualdade de gênero, presentes no antigo judaísmo e no hinduísmo (em cujo período clássico alguns eruditos religiosos discutiam se as mulheres teriam de reencarnar na condição de homem antes de qualquer progresso espiritual). Tanto o cristianismo quanto o budismo proporcionavam meios explícitos para dar vazão a sentimentos, nos conventos, para onde algumas meninas podiam ser enviadas para serem educadas e para assumirem vocações a longo prazo. Em casos isolados, as meninas também poderiam receber educação religiosa – isso não era incomum no Islã, algumas vezes das mãos de um pai afetuoso, que percebia o talento da filha. No entanto, as religiões eram nitidamente patriarcais, julgando que a educação religiosa avançada devesse ser muito mais importante para os meninos do que para as meninas. Enquanto alguns rituais, como o batizado cristão, eram comuns a ambos os sexos, outros se dispunham a vincular somente os meninos com a experiência religiosa. Qualquer educação religiosa formal disponível incluía muito mais meninos que meninas.

A expansão da religião nos séculos pós-clássicos acarretou outra característica comum relevante para a infância: ampla diversidade no impacto das crenças religiosas sobre crianças. Apesar das numerosas conversões ao islamismo, cristianismo ou budismo, variava muito o quanto as pessoas sabiam sobre como as doutrinas tratavam de questões como a infância e o quanto se ocupavam desse assunto. Situações econômicas diferentes afetavam as respostas também. Os muito pobres podiam ser influenciados pelo estímulo de proteção às crianças, por exemplo, mas as circunstâncias podiam levá-los a abandoná-las (um novo recurso, que podia conduzi-las à morte por falta de cuidados antes ou depois do abandono) nos degraus da porta de uma instituição religiosa. Quando nos detemos para levar em conta algumas das escolhas das grandes religiões, é importante lembrar o óbvio: as verdadeiras práticas para com crianças podiam ter diferido de uma sociedade para outra menos do que se acreditava. Somando-se a isso, as autoridades religiosas discordavam quanto a alguns conceitos-chave, o que poderia emprestar mais complexidade ao assunto.

O budismo, a mais velha religião do mundo, mas que somente se expandiu na era pós-clássica para várias partes da Ásia Ocidental e do Sudeste, tinha implicações difusas para a infância se comparado ao islamismo e mesmo ao cristianismo. Em parte porque a religião era em geral flexível, harmonizando-se freqüentemente com os padrões locais (inclusive o confucionismo, na China) de maneira a deixar a infância relativamente intocada. O budismo também enfatizava os objetivos espirituais em prescrições detalhadas e legalistas da vida cotidiana, definindo critérios para a prática familiar, certamente com menos precisão do que o islamismo. E ainda que existissem muitos registros budistas, não havia um livro canônico único, como no islamismo ou cristianismo – outra razão para haver maior flexibilidade com relação à questão da infância.

Devido à crença na noção de "outro mundo", o budismo podia provocar certa preocupação quanto ligação afetiva com crianças. Dizem que Buda contava a história de um homem santo que teria deixado mulher e filho e se tornado indiferente a suas visitas. "Ele não sente prazer quando ela vem, nem tristeza quando vai embora; a ele eu chamo um verdadeiro santo, livre da paixão." Somando-se uma forte crença de que o celibato era o estado mais santo possível, e que o parto era um ato profano, o budismo acabava sendo uma religião que tinha pouco interesse nas crianças, desde que não prendessem muita atenção. Laços semelhantes, incluindo a organização de comunidades celibatárias, por conseguinte sem crianças, afloraram no cristianismo.

O budismo, como religião importante e não simplesmente uma seita limitada, abarcava uma grande maioria de seguidores com filhos, e oferecia certa orientação e proteção. Evidentemente, o budismo ajudava a organizar a variedade de rituais para as crianças, destinados a evitar sofrimentos e preparar para a vida religiosa – e nisso se assemelhava ao hinduísmo e mesmo a todas as grandes religiões. Muitas crianças budistas freqüentavam escolas religiosas, e a grande maioria das crianças ouvia histórias exemplares de vidas santificadas.

Os budistas também reagiram a certas práticas antigas aplicadas às crianças, levadas a efeito na Índia e outros lugares. Opunham-se ao casamento de meninas durante a infância, acreditando que o casamento fosse um contrato que requeria maturidade.

Em certos casos, a devoção budista podia dar aos filhos, na adolescência, uma alternativa espiritual aos ajustes padrões de transição da infância para a maturidade, quando demonstrassem vocação religiosa, desafiando os desejos dos pais. Essa era uma preocupação de peso para o budismo na China, em que confucionistas acusavam reiteradamente a religião de minar lealdades familiares. Uma história budista chinesa conta que Miao-shan, filha mais nova de um rei, desafiou o pai (que queria que a filha aceitasse um casamento arranjado), entrando para o convento que seu pai tentou então incendiar. A história acabou com uma virada favorável à família: mais tarde, Miao-shan corta seu braço e o oferece para o exercício da medicina mágica na restauração da visão do pai. Outras histórias morais falam de crianças budistas que rezaram pelos pais e foram salvas do inferno. Alguns relatos mesclaram-se com o confucionismo, como quando um jovem elogiou a mãe por forçá-lo a estudar em escolas budistas: "o fato de eu ser hoje um oficial deve-se ao treinamento diário que minha mãe me proporcionou". Certos conceitos budistas para crianças eram traduzidos em termos confucionistas para tornar a religião mais aceitável na China: desse modo, uma palavra budista em sânscrito para moralidade se tornou "submissão e obediência filial".

O budismo, claro, influenciou a infância, em particular por meio de um novo conjunto de lições e rituais religiosos. A crença no outro mundo e os compromissos com as convicções existentes sobre crianças delimitou o que seria um impacto mais radical.

A infância islâmica mostrou ser muito mais definida do que a budista, oferecendo distinções importantes também com relação ao cristianismo. Religião de maior expansão durante o período pós-clássico, o islamismo evidenciou muitos interesses especiais a respeito da infância, alguns dos quais se harmonizaram com outros aspectos da civilização do Oriente Médio. O profeta Maomé pretendeu deliberadamente introduzir algumas mudanças na forma pela qual a infância era definida e orientada entre os árabes, e sua visão encorajou iniciativas mais amplas. Não há dúvida de que o advento dessa nova religião trouxe implicações para a infância. Maomé observou que "quando um homem tem filhos, ele satisfez metade de sua religião, e o temor a Deus preenche a metade restante".

Muitos escritores muçulmanos, tanto de religião quanto de medicina, enfatizavam a necessidade de dar grande atenção aos bebês. O próprio Islã – e isso contrastava com o cristianismo, pelo menos em nível de doutrina – ressaltava a inocência dos recém-nascidos. Essas crianças não tinham tido tempo de pecar e eram crentes em potencial. Ademais, o próprio Alá era misericordioso. Desse modo, não havia discordância quanto ao que acontecia com os bebês que morriam: eles ascenderiam ao paraíso. Estudiosos discutiam o destino de crianças nascidas em famílias de infiéis – não-muçulmanas –, mas a maioria concordava que elas também eram inocentes; teólogos cristãos tinham discussões semelhantes com conclusões totalmente diferentes sobre bebês, contaminados com o pecado original, nascidos em famílias não-cristãs. O profeta Maomé, cuja delicadeza para com as crianças era repetidamente citada, em especial por condenar a prática do infanticídio na tradição árabe, oferecia outra indicação de que a primeira infância teria a simpatia dessa nova religião. O Corão também enfatizava o cuidado com as crianças quando o casamento se dissolvia, e insistia nos direitos de propriedade dos órfãos: "não interfira com a essência de um órfão"; "vista-os e fale gentilmente com eles". Um adulto que adotasse uma criança era responsável por lhe proporcionar ensino adequado, para que a criança pudesse ter alguma segurança no futuro. A lei islâmica, nesse sentido, apontava uma série de "direitos" das crianças que estivessem em situações potencialmente vulneráveis. (O conceito de direitos é, de certa forma, moderno, porém foi aplicado retroativamente com referência ao atendimento cuidadoso das crianças nas leis islâmicas.) A preocupação religiosa pelos muito jovens aumentou com a forte tradição médica na região, realçada no período helenístico, quando cientistas em lugares como o Egito adaptaram os avanços médicos gregos a aplicações mais práticas. Havia um grande número de conselhos pediátricos disponíveis sobre a saúde das crianças que complementavam a ênfase na religião. Um influente manual de criação de crianças, escrito por Ibn Qayyim, no século XIV, discutia o choro do bebê (causado por estímulo físico somado a um "empurrão" do demônio), alimentação, dentição, mas também a importância dos interesses e aptidões individuais das crianças, que os adultos deveriam levar em conta.

Muitos aspectos da infância no Oriente Médio refletiam práticas familiares antigas que tinham pouco a ver com religião, embora não a contradissessem. Os filhos eram identificados claramente em termos de relacionamentos de consangüinidade, e tinham nomes escolhidos com muita antecedência para indicar a que grupo familiar pertenciam. Bebês eram enfaixados – embrulhados em roupa – para serem protegidos de acidentes e se acreditava que assim seus membros se desenvolveriam melhor. Crianças pequenas eram muito ligadas às mães. O desmame ocorria razoavelmente tarde para uma sociedade agrícola, dos 2 aos 4 anos, e a maioria das crianças continuava perto da mãe até os 7 anos. Isso criava laços emocionais intensos que durariam pela primeira infância, chegando até a maioridade, e contrastava com a posição do pai, que era uma figura mais distante. Aos 7 anos, a criação dos meninos passava para o pai. Como princípio, a autoridade paterna era enfatizada, e as crianças levadas a respeitar o pai ou homem mais velho, que por sua vez tinha o dever de prover a subsistência da família. A vida familiar das crianças também estava condicionada ao papel ativo de outros membros da família, como tias e tios. O treinamento dos modos, inclusive a hospitalidade, recebia muita atenção.

Ao mesmo tempo, a religião estava constantemente presente numa casa respeitável. Uma prece era sussurrada nos ouvidos dos recém-nascidos, para assegurar que permaneceriam fiéis ao Islã, enquanto tâmaras pré-mastigadas eram esfregadas nos palatos das crianças para transferir-lhe bênçãos. Quando os primogênitos completavam

7 anos, seus cabelos eram cortados e sacrificava-se um carneiro, consistindo a cerimônia no reconhecimento oficial do pai pela criança. Se o pai identificasse talentos especiais e a família tivesse meios, o garoto de 4 ou 5 anos poderia ser colocado num programa de ensino religioso, começando uma prática educacional. A religião, nesse caso, interrompia a guarda normal das mães aos meninos pequenos. Era bastante ressaltada a responsabilidade dos pais pela capacitação religiosa das crianças – "nessa idade, aprender é como esculpir uma pedra", ou seja, os ensinamentos durariam a vida inteira. Mesmo famílias pobres tentavam dar aos meninos algum ensino religioso nas mesquitas ou na escola corânica, ou *kuttab*. Completar o programa dessa escola corresponderia a decorar todo o Corão. As meninas podiam freqüentar escolas corânicas também, embora usualmente por períodos mais curtos. Nas famílias de elite, preceptores religiosos lecionavam às meninas em casa. Segundo um texto do século XIII, para um muçulmano devoto "aprendizagem é aconselhada a todos", e, embora não se tenha números precisos, o Islã pré-moderno atingiu um nível relativamente alto de alfabetizados, em comparação com a Europa Ocidental, pelo menos até o século XVI. Taxas de formação escolar nas cidades mais importantes do Oriente Médio e norte da África começaram a se elevar a partir do século nono em diante, e em alguns casos o número das grandes escolas cresceu em cerca de 1000% nos 400 anos subseqüentes.

As crianças pequenas eram tratadas com complacência, o que podia refletir a crença religiosa em sua inocência e certamente expressava o amor dos pais. Quando a economia familiar permitia, havia alimentação e entretenimento especiais. Há indícios de que os adolescentes eram menos valorizados, havendo pouco encanto com sua especial energia. Com efeito, considerava-se que a infância terminava com a chegada da puberdade. Os aprendizados eram geralmente curtos, e havia muito estímulo para que a criança se tornasse logo adulta. As crianças faziam suas próprias brincadeiras, com pouca interferência dos pais que se centravam no grave tema de preparar o filho para a maioridade tanto do ponto de vista econômico quanto religioso. Providências cuidadosas, que incluíam a reclusão, visavam a preservar a virgindade das meninas antes do casamento. O Islã não defendia compromisso com o celibato vitalício, em oposição às fortes exigências do cristianismo e do budismo. Isso pode ter tido relação com a crença na inocência das crianças. As crianças desde cedo recebiam tarefas domésticas que, a par da educação religiosa, davam à infância um tom de seriedade, pelo menos na percepção adulta.

Autoridades religiosas debateram amplamente o papel da punição física, uma discussão muito rara nesse período histórico, refletindo talvez a valorização religiosa das crianças. Permitia-se em geral que os pais, em particular o pai, punisse as crianças desobedientes. A prática era comum também nas escolas. Um conjunto de escritores, no entanto, defendia a moderação. O grande historiador norte-africano Ibn Khaldun observou que a punição indevida de alunos "fazia com que se sentissem oprimidos, e os levasse perder sua energia". A lei islâmica também regulamentava as formas de punição das crianças – quantos golpes para cada tipo de ofensa, e em que partes do corpo (a cabeça e as mãos não deveriam nunca ser golpeadas). O objetivo era evitar excessos e garantir uma moderada em vez de irada administração da disciplina.

Mais tarde, no período pós-clássico, escritores islâmicos também produziram uma extraordinária coleção de livros de condolência, destinados a confortar os pais em seu sofrimento pela perda de filhos. Mais de vinte livros sobre consternação apareceram no Egito e na Síria entre os séculos XIII e XVI, em curioso contraste com a Europa Ocidental no mesmo período, em que esse gênero literário era virtualmente desconhecido. Títulos como *Livro da aflição sobre a morte de crianças* ou *Consolação para aqueles aflitos pela morte das crianças* tinham esse objetivo. Quase com certeza, refletiam os resultados da expansão da doença – a peste bubônica –, que chegou ao Oriente Médio na metade do século XIV, antes de alcançar a Europa. Estaria demonstrando um crescimento na ligação emocional para com as crianças? Há dúvidas a respeito, embora se coadune com o tipo de atenção que o islamismo costumava estimular em relação às crianças pequenas.

As implicações da religião atingiram mais fundo a infância e as idéias sobre crianças do que as culturas clássicas, particularmente na China e no Mediterrâneo. A expansão das grandes religiões provocou uma mudança significativa, particularmente no repensar do infanticídio e nas novas visões acerca da educação. Por esta mesma razão surgiram novas discrepâncias em discussões relacionadas com a infância dependendo da religião envolvida. Ao mesmo tempo, é claro, o período de maior intensidade religiosa na história geral quase não subverteu as características básicas da infância nas economias agrícolas. A religião apresentou novas justificativas para defender a obediência, e essa foi a seqüência lógica mais importante. Poderia permitir algumas novas discussões sobre a punição física, como se viu com relação ao Islã, mas também poderia impor novas pressões psicológicas – o ônus da desobediência aos pais traduzido como desobediência à vontade de Deus – o que reforçava poderosamente temas que as civilizações agrícolas já tinham desenvolvido. Mesmo atitudes em relação à morte freqüente de crianças, embora abertas à nova discussão sobre o acolhimento no além-mundo, dificilmente seriam revolucionárias, pela simples razão de que as religiões não geravam real mudança nesse aspecto da infância tradicional. A religião era importante para a infância, mas seu poder de mudar, e mesmo seu desejo de mudar, tinha limites.

Para saber mais

Sobre o Islã: Elizabeth Warnock Fernea, ed., *Children in the Muslim Middle East* (Austin: University of Texas Press, 1995); Avner Gil'adi, *Children of Islam: concepts of childhood in medieval Muslim society* (New York: St. Martin's, 1992).

Sobre o budismo: Arthur Wright, *Buddhism in Chinese History* (Stanford, CA: Stanford University Press, 1971); Jacques Gernet, *Buddhism in Chinese Society: an economic history from the fifth to the tenth century* (New York: Columbia University Press, 1995); Sukumar Dutt, *Buddhism in East Asia* (New Delhi: Bhaktkal Books, 1966); Uma Chakravarti, *Social Dimensions of Early Buddhism* (New York: Oxford University Press, 1987); José Ignacio Cabezón, ed., *Buddhism, Sexuality, and Gender* (Albany: State University of New York Press, 1992).

Debate sobre a infância no Ocidente pré-moderno

Em 1960, um historiador francês pioneiro, Philippe Ariès, profundamente interessado tanto em demografia quanto em cultura, publicou o livro *Centuries of childhood* [no Brasil: *História social da criança e da família*] sobre a história da criança na Idade Média e princípio da Idade Moderna na Europa, expondo a infância, pela primeira vez, a uma análise histórica séria. Ariès se via influenciado pelas afirmações, comuns à época na França e em outros lugares, de que a família contemporânea se encontrava em crise. Esses clamores eram importantes em si, além de terem implicações políticas, apossados que eram por grupos conservadores ansiosos em fazer avançar uma agenda social mais ampla. Ariès simpatizou inicialmente com a visão conservadora, no entanto se deu conta também de que as queixas com relação à deterioração eram vazias, sem base histórica consistente – afinal de contas, para se saber que uma coisa estava piorando, era preciso uma compreensão clara da situação realmente vivida no passado. É bem possível – e a infância podia ser um exemplo – que as condições do presente alimentassem a preocupação, porém, na verdade, não eram mensuravelmente inferiores às do passado, que poderiam ter sido igualmente insatisfatórias (da mesma forma ou de forma diferente).

A visão que Ariès tinha do passado o convencera de que a relação entre a infância moderna e a pré-moderna tinha sido vastamente incompreendida. Valendo-se de evidências, inclusive retratos de família, em vez de esgrimir contra as elites, sustentou que os europeus tradicionais não tinham uma concepção muito clara da infância como estágio separado de vida, e tendiam a marginalizar as crianças da atividade familiar. As pinturas, por exemplo, revelavam crianças ou rondando a família ou vestidas como adultos, ou ambos. Ariès não pensava que os pais deixassem de ter afeição pelas crianças – admitia que isso fosse uma manifestação natural –, mas que simplesmente não dedicavam muito tempo ou atenção especial a elas. Em seu modo de ver, essa situação começou a mudar nos séculos XVII e XVIII, primeiro entre as classes mais altas. A infância se tornou mais fundamental, com o crescente reconhecimento das necessidades especiais de alimentação e orientação; aumentou o foco na escolaridade; taxas de natalidade começaram a cair a fim de permitir mais atenção individual às crianças; e uma distinção formal maior entre a infância e seus vários estágios e a idade adulta marcou também essa transformação.

Ariès acreditava que a visão pré-moderna das crianças tivesse muitas vantagens sobre a moderna. Seu argumento é até hoje respeitado: afirmava que um foco menor na infância no passado, embora aparentemente uma inconveniência, na verdade emprestava mais liberdade às crianças do que teriam com o monitoramento cuidadoso que as sociedades modernas lhes ofereciam. Era uma visão conservadora porém com uma peculiaridade. Grande parte dos historiadores adotou a tese de Ariès, simplificando-a, no entanto, ao afirmar que as pessoas na época pré-moderna negligenciavam a infância e as crianças, abusando delas com freqüência, e que o surgimento da consciência moderna de criança teria trazido imensos e específicos ganhos. Foi esse argumento, por sua vez, que atiçou imediatamente o fogo revisionista.

Vamos examinar os argumentos sobre as mudanças na Idade Moderna no próximo capítulo, posto que, sem muito questionar, o pensamento e as práticas ocidentais com relação às crianças começaram a mudar do final do século XVII em diante, de forma que, em última instância, influenciariam outras partes do mundo também. Este capítulo focaliza a infância no Ocidente tradicional à medida que se foi cristianizando e tendo gradualmente desenvolvido uma economia mais sofisticada, mesclando agricultura com manufatura e um considerável comércio urbano, nos séculos posteriores à queda do Império Romano. A Europa Ocidental não desempenhava papel particularmente importante na história mundial nesses séculos. Suas cidades eram menores, as estruturas políticas menos elaboradas do que as da Ásia e partes da África. Mas o debate sobre as tradições ocidentais com respeito à infância é excepcionalmente bem desenvolvido. Pode iluminar as características das civilizações agrícolas e as conseqüências das mudanças religiosas de forma geral. Pode também contribuir para análises comparativas mais focadas, na medida em que as visões ocidentais da infância tinham características pouco usuais quando justapostas a de outras civilizações agrícolas. E, é claro, o Ocidente ganhou por fim importância nos assuntos mundiais nos séculos mais atuais, quando a situação da infância estava mudando. Eis uma razão definitiva que nos leva a explorar as normas tradicionais do Ocidente.

Inúmeros estudiosos se apropriaram das sugestões de Ariès a respeito das deficiências do Ocidente tradicional, embora tenham distorcido sua interpretação mais ampla. Alguns, generalizando, denunciaram as altas taxas de mortalidade infantil e as condições geralmente difíceis do trabalho infantil – argumento válido mas que refletia valores modernos sobre as crianças e não inteiramente relevantes para entender o passado. Um conjunto de historiadores e outros especialistas, trabalhando numa dimensão psicológica, foram mais precisos. Alguns afirmaram ter encontrado pouca evidência de afeição entre pais e filhos, o que podia ajudar, entre outras coisas, a explicar a aceitação recorrente da incidência de mortes. A presença da disciplina rigorosa em muitas famílias foi objeto de consideração. O psicanalista Erik Erikson tratou das surras freqüentes que Martinho Lutero, líder da Reforma protestante, recebia de seu pai, mineiro do carvão, e especulou sobre o impacto que isso teve em sua visão de Deus e do cristianismo. (Erikson também mencionou o espanto dos índios americanos diante das freqüentes punições físicas sofridas pelos filhos dos colonizadores europeus.) David Hunt, estudando a educação que um futuro rei da França no século XVII recebia, observou como o jovem era muitas vezes desprezado pelos pais, surrado deliberadamente por mau-comportamento e arrastado inúmeras vezes para entreter os convidados, expondo-o a situações vexatórias como quando seu pai acariciou suas partes genitais em público e riu delas (compreensivelmente pequenas devido a sua idade). Práticas mais disseminadas também eram importantes: muitas famílias comuns do Ocidente atavam os bebês, envolvendo-os apertadamente em panos para que não se machucassem ao engatinhar ou ao se contorcer, e os deixavam pendurados num gancho na parede, para que ambos os pais pudessem sair com segurança para o campo a trabalho. A prática mostrava alguma preocupação com os filhos, mas também um desejo de dar-lhes a menor atenção possível. E era acompanhada por crenças correntes na natureza animal de crianças pequenas (em contraposição com as imagens graciosas que dominaram as visões mais modernas, talvez igualmente imprecisas, embora em direção oposta). Muitas pessoas não gostavam de ver as crianças engatinhando, porque isso lhes lembrava a fase animal, preferindo não as libertar inteiramente até que fossem capazes de andar. A voracidade das crianças sobre o peito materno também podia ser visto como outro sinal de traço animal que tornava a infância desagradável – o que só se reverteria quando as crianças fossem suficientemente maduras para começar a trabalhar e ajudar. Essas ênfases guardavam alguma relação com a doutrina cristã sobre o pecado original das crianças ao nascer, que da mesma forma encorajava a crença na necessidade de disciplina civilizadora rigorosa.

Alguns dos argumentos, é claro, foram além de Ariès, embora na mesma direção de conceituar uma tradicional característica diferenciadora da infância ocidental, quando comparada com práticas e valores mais modernos. Curiosamente, não foi despendido qualquer esforço de comparação com outras sociedades agrícolas da época, e dado o estágio da evidência histórica, o esforço continua desafiador. Do ponto de vista da história geral, no entanto, essa visão pode ser mais fértil do que o tipo de discussão moderno-pré-moderno que Ariès desencadeou.

Os ataques à chamada escola tradicionalista fria não demoraram a aparecer. Historiadores começaram a examinar diferentes tipos de evidências e descartar algumas informações de Ariès, por serem muito limitadas. Alguns estudiosos, analisando a Inglaterra do início da Idade Média, por exemplo, descobriram leis que estipulavam claramente a necessidade de proteger as crianças, reconhecendo a infância como uma fase característica e importante de vida. Certo número de medievalistas, profundamente convencidos das qualidades humanas do objeto de seus estudos de um período histórico que tanto apreciavam, reagiram também visceralmente à noção de que esses temas fossem ruins e cruéis com as crianças. Algumas mudanças na psicologia também poderiam contribuir para a revisão do ponto de vista de Ariès. Muitas autoridades acreditam hoje que a disciplina física, se razoável e não torturante, é bastante compatível com a afeição do adulto pelas crianças e com o relacionamento afetuoso entre a criança e os pais. Eles não advogam necessariamente essa disciplina, mas simplesmente sugerem que existe mais de uma maneira de definir cuidados paternos.

Revisionistas, reagindo à interpretação tradicionalista fria, enfatizam dois pontos. Em primeiro lugar, como sugerem alguns estudos legais, discutem a idéia de que os europeus tradicionais careciam de uma concepção da infância como estágio de vida com necessidades características próprias. Em segundo lugar, rejeitam com vigor a asserção de que a maior parte dos pais não tinha afeição pelos filhos. Em contrapartida, afirmam que o exame de registros pessoais como cartas e diários deixa claro que o amor paterno era normal, esperado e natural. Os pais na Inglaterra pré-moderna ficavam tão felizes com o nascimento de seus filhos que enviavam cartas se regozijando. Muitas histórias da era pré-moderna pressupunham a afeição paterna e familiar pelas crianças. Alguns pais podem ter permanecido insensíveis sem demonstrar sofrimento diante da morte de seu bebê. Outros – como Martinho Lutero, quando pai – ficaram emocionalmente despedaçados com a morte da criança. Mesmo a arte, contrariando a visão de Ariès, mostrava interesse centrado na criança: afinal, um dos temas artísticos mais constantes era Maria e o bebê Jesus, indicando que a Igreja ocidental privilegiava a família voltada para as crianças (embora talvez com certo constrangimento em encaixar os pais).

Inúmeros debates específicos se seguiram na esteira de uma discussão mais geral que tratava de aspectos da infância tradicional na

Europa, evidentes mas difíceis de avaliar. A ama-de-leite é um exemplo. Muitas famílias européias mandavam os bebês para que outra mulher – que tinha acabado de dar à luz e geralmente morava no campo – amamentasse a criança em lugar da mãe. Do ponto de vista da saúde da criança isso era contra-indicado, uma vez que muitas amas-de-leite não tinham leite suficiente para alimentar duas crianças adequadamente. Por outro lado, as condições sanitárias também deixavam a desejar. Não há dúvida de que morreram mais crianças nesse processo do que a média geral. Então, por que isso ocorria? Os tradicionalistas frios mostram que a adoção da ama-de-leite era um sinal da falta de interesse dos pais, talvez mesmo um desejo dissimulado de que algumas crianças morressem, como forma de controle retroativo da natalidade. Já os revisionistas, ao contrário, observam que os pais freqüentemente visitavam as crianças que estavam vivendo com a ama-de-leite, mostrando preocupação e afeição. Afirmam que, embora algumas mulheres da aristocracia possam ter querido evitar o trabalho de amamentar, a maior parte das mulheres da cidade que recorreu a essa prática o fez por razões de trabalho, por exemplo, ter de administrar a oficina artesanal da família. (E umas poucas, é claro, tinham de usar as amas ou leite animal – leite de jumenta era o preferido – porque simplesmente não produziam o suficiente.) Os revisionistas observam também que a amamentação por amas-de-leite continuou no Ocidente até o final do século XIX – por demanda de trabalho entre outras razões –, mas continuou sendo criticada. Sustentam então que a prática não era sinal de hostilidade tradicional e que não houve uma ruptura brusca na Idade Moderna.

Outra questão: famílias pobres no Ocidente com freqüência abandonavam seus filhos – deixando-os de preferência na porta da igreja. Para os tradicionalistas frios, isso demonstra falta de amor, e de fato muitas crianças abandonadas morreram. Para os revisionistas, a prática decorria da miséria e simplesmente denotava a esperança de que aparecesse alguém em melhores condições que eles, os pais, para cuidar da criança. (E poderiam acrescentar: pelo menos o infanticídio puro e simples se tornou raro tanto no Ocidente, como no Islã.)

Outra discussão envolve a disciplina física. Havia exemplos horrorosos de abuso no Ocidente tradicional, como o do mestre-escola alemão que bateu no aluno até sangrar, por ele não querer estudar.

Sem dúvida, o castigo disciplinar era amplamente aceito, e mesmo recomendado, tanto no seio da família quanto nas escolas. Benjamin Franklin, que era aprendiz de tipógrafo de um irmão mais velho, apanhava com tanta freqüência que acabou fugindo de Boston para Filadélfia. No entanto, punições físicas extremadas não eram aceitas, e o controle comunitário sobre o comportamento dos pais nesse sentido era talvez melhor do que hoje em dia, em cidades mais longínquas. O mestre-escola alemão foi multado por excesso.

Muitas famílias do Ocidente da era pré-moderna enviavam adolescentes para trabalhar em outra casa por várias horas, mesmo sabendo que a outra família poderia não tratar bem a criança. Seria isso um sinal de insensibilidade, ou um desejo de deixar outras famílias disciplinarem as crianças numa época difícil de vida? (Um historiador chegou a sugerir um outro viés desse mesmo argumento: os pais realmente amavam seus filhos, todavia percebiam a necessidade de puni-los depois da puberdade, preferindo deixar essa dolorosa tarefa para os outros.) Ou será que a prática era simplesmente o reflexo de um desejo de que as crianças recebessem treinamento – a mais importante forma de educação –, além da necessidade de algumas famílias, que tinham mais filhos que o necessário, de encaminharem essas crianças para famílias sem filhos, como forma mais conveniente de alocação de recursos? Ou talvez um pouco de tudo isso? (Ocorre um problema na discussão entre tradicionalistas frios e revisionistas: o desprezo pela diversidade individual. Certamente, alguns pais eram severos e talvez fossem capazes de usar práticas pré-modernas para expressar essa rigidez, enquanto outros eram mais afetivos e usavam as práticas por outras razões e/ou modificavam-nas por meio dos laços emocionais mantidos com o filho.)

Por fim, os revisionistas apontaram aspectos da infância pré-moderna com características muito positivas, algumas vezes em oposição às limitações típicas da modernidade. Observam como um povoado inteiro ajudava a olhar as crianças, proporcionando segurança, múltiplos contatos e mostrando uma atenção claramente voltada para a criança, quase igual à moderna. Realçam as oportunidades de companheirismo entre as próprias crianças, na participação de festivais da aldeia, por exemplo, que eram ocasiões propícias para soltar as rédeas numa atmosfera relativamente tolerante. Também apontam para muitas oportunidades de brincadeiras sem o intenso monitoramento do adulto. As crianças amiúde brincavam juntas sem diferenciação de idades e sem obrigação de que a brincadeira fosse instrutiva. Tinham muitos jogos tradicionais e eram criativas na construção de brinquedos. Inúmeros pesquisadores têm argumentado que o escape que as brincadeiras proporcionavam se deterioraram nos tempos modernos, entre outros motivos devido ao aumento da escolaridade e da supervisão adulta – um acréscimo implícito aos séculos tradicionais.

Não é de se estranhar que os debates entre os historiadores reflitam discussões corriqueiras. Muitas vezes geram mais calor que luz. Com freqüência empurram os participantes a declarações ou profissões de fé em vez de estimularem transigência e diversidade. Ao mesmo tempo, ainda que soe pomposo, podem contribuir para fazer avançar o conhecimento, e a discussão sobre a infância tradicional no Ocidente é uma questão nesse sentido. A discussão agora serenou, embora as coisas não estejam resolvidas. Correndo o risco de alguma simplificação, é possível esboçar como as coisas se encontram no momento.

A infância ocidental pré-moderna era diferente da moderna em uma porção de facetas. Muitas dessas diferenças refletiam taxas de natalidade e mortalidade e o papel do trabalho infantil nas sociedades agrícolas. Contudo, existem algumas características específicas, como a presença da amamentação por amas-de-leite, que demandam interpretação à parte. Apesar disso, com exceção dos revisionistas extremados, todos admitem que várias mudanças nas idéias, práticas e contextos ocorreram entre os períodos pré-moderno e moderno – embora também notem, corretamente, que algumas mudanças ocorreram mais tarde do que se imaginou, e algumas foram adotadas de modo menos uniforme do que as caracterizações genéricas de "modernidade" poderiam indicar.

Dito isso, há grande consenso agora de que os primeiros esforços, como o levado a cabo por Ariès, para retratar o Ocidente tradicional como uma sociedade totalmente diferente, são fora de propósito. Havia um reconhecimento da infância, havia muitos sinais de afeição pelas crianças. Ainda que variassem, as pessoas do período pré-moderno não eram tão diferentes das modernas como o quadro inicial sugeriu.

Finalmente, embora isso seja apenas um tema para mais tarde, deve ser examinada a suposição de que moderno não é apenas algo diferente, mas nitidamente melhor. A retórica sobre as crianças mudou – a idéia de crianças como animaizinhos foi atenuada no século XVIII –, mas as atitudes dos adultos talvez tenham se alterado menos. Algumas das mudanças ocorridas podem ter tornado mais difícil a experiência da infância, ou pelo menos não tê-la aprimorado. A infância pré-moderna, em outras palavras, não era tão ruim que a mudança devesse necessariamente significar progresso.

A discussão sobre a infância no Ocidente também se aplica aos Estados Unidos colônia. Há registro de atitudes severas, como um ministro protestante esbravejando contra o pecado original das crianças, servindo-se de imagens da morte para tentar controlar as crianças. A disciplina física era aplicada em crianças não só na escola, mas também quando cochilavam nos serviços religiosos. Entretanto, sinais de afeição e pesar eram abundantes também, e as comunidades parecem ter se prevenido contra abusos. A experiência americana era diferente da pré-moderna européia em alguns aspectos, o que pode afetar a discussão sobre sua qualidade. A fartura de terras intensificou a necessidade do trabalho infantil e determinou o aumento da natalidade nos séculos XVII e XVIII. Os índices de mortalidade decresceram em parte em virtude de melhores recursos alimentares, embora em áreas mais povoadas provavelmente eles se elevaram no final do século XVIII. Devido à necessidade de mão-de-obra, uma taxa de mortalidade infantil menor e fronteiras abertas, as famílias americanas passaram a dispensar um cuidado maior às crianças do que as famílias européias, com o objetivo de mantê-las felizes a fim de que não fossem embora. (Histórias de crianças que fugiram ou foram seqüestradas tornaram-se verdadeira aflição na cultura popular americana.) Pelas mesmas razões, as famílias americanas mostraram-se bastante dispostas a contrair gastos com crianças por volta do final do século XVIII –, querendo ouvi-las e levando em consideração suas opiniões. Essa, pelo menos, era a avaliação de muitos observadores europeus, alguns dos quais gostavam da "democracia" das famílias americanas, e outros achavam as crianças intoleráveis. Pelos padrões modernos, é quase certo que mesmo as crianças americanas do início da modernidade foram mantidas na linha, dóceis e obedientes. Porém, alguma variação do tradicionalismo europeu pode ter se desenvolvido mais cedo, antes, ou ficado imbricado.

Uma questão-chave com a qual a discussão sobre as visões ocidentais tradicionais da infância não se comprometeu diz respeito à comparação. Haveria alguma coisa particularmente notável sobre a infância pré-moderna ocidental comparada com padrões de outras civilizações agrícolas? A discussão, afinal de contas, refletiu em parte algumas diferenças de padrões entre crianças na era da agricultura e crianças em condições mais modernas, e isso não tem importância comparativa básica entre sociedades da mesma época. No entanto, pode também ter havido uma verdadeira ocidentalização, que nos ajudará a examinar a infância na era pré-moderna de um novo ângulo.

Dois elementos ocidentais merecem particular atenção. Um é o cristianismo, é claro. Como a arte ligada ao Natal cristão sugere, a religião estimulava de várias formas a simpatia pelas crianças. A Bíblia apresenta diversas histórias enfatizando a importância da religião na infância, como as expressões de Cristo exortando "vinde a mim as criancinhas". Não há dúvida também de que as crianças poderiam se sentir profundamente atraídas pelo cristianismo. Tomando um exemplo extremo e infeliz: no ano de 1212 duas pessoas, um adolescente chamado Stephen, de Vendôme, França, e Nicholas, de Colônia, Alemanha, anunciaram uma cruzada infantil em que bandos de crianças se juntariam para recapturar a Terra Santa perdida para os governantes islâmicos. O grupo de Stephen alcançou o porto de Marselha, onde todos foram vendidos como escravos, enquanto o grupo de Nicholas recuou. O episódio como um todo pode estar nas origens da história do flautista de Hamelin.

Apesar de toda a atração entre o cristianismo e a infância, havia a crença no pecado original, teologicamente compreensível à luz

---

* N. T.: Conto dos Irmãos Grimm em que um flautista, tocando uma música melodiosa, atrai todas as crianças da cidade, levando-as embora.

da ênfase na fé e na redenção. A verdade é que embora isso não se refletisse necessariamente no tratamento dado às crianças, a presença dessa idéia afetava a visão quanto à qualificação das crianças. Contaminadas pelo pecado original ao nascer, as crianças continuariam a pecar como condição da natureza humana. Essa crença podia provocar algumas discussões angustiantes sobre o destino das almas das crianças que morriam, e concedeu-se alguma flexibilidade nesse particular, sublinhada pela importância do batismo, que se constituía no primeiro passo para a redenção da natureza má das crianças. Mas também podia gerar crenças fervorosas ou bem-intencionadas ou ambas, na necessidade de impor disciplina estrita a crianças para que seus impulsos não as fizessem mais tarde se desencaminhar. (E isso se sobrepunha a outras superstições sobre crianças que podiam nascer bruxas, porque suas mães foram atemorizadas durante a gravidez ou porque as próprias crianças carregavam uma marca fatal de nascença.)

De modo geral, o cristianismo estimulava o uso do medo da morte e da danação como instrumento regulador do comportamento das crianças, criando o que alguns historiadores vêem como uma característica de profunda ansiedade. No século XIX, por exemplo, muitas histórias para crianças nos Estados Unidos ressaltavam a fragilidade da vida e a necessidade de se preparar para a morte a qualquer momento. O cristianismo pode ter exagerado, em outras palavras, o impacto de uma das características inescapáveis da infância pré-moderna por toda a parte. É possível, além disso, que o protestantismo, com a ênfase maior na predestinação e propensão ao pecado do ser humano, tenha oprimido mais as crianças, com os pais fazendo o papel de juiz moral e guardião. Sem recuar para condenações ahistóricas da disciplina da era pré-moderna, é possível que, comparado com infâncias em outras sociedades, houvesse algumas características disciplinares distintas e mesmo psicológicas da infância ocidental, algumas das quais podem ter se intensificado nos séculos XVI e XVII.

A segunda característica da experiência ocidental que afetava a infância, desenvolvida a partir do final da Idade Média, era a natureza especial do estilo da família européia. Esse tipo pouco comum de família enfatizava um casamento relativamente tardio de gente abaixo da elite – ou seja, a vasta maioria: casamento aos 26 anos para as mulheres e 27 para os homens era habitual. Além disso, uma minoria substancial, em particular os mais pobres em termos de perspectiva econômica, não casavam nunca. O objetivo era provavelmente limitar a taxa de natalidade, a fim de evitar que as propriedades fossem reivindicadas por muitos filhos. O sistema tinha várias conseqüências para as crianças além dos simples números. Focava a atenção em famílias nucleares em vez de ampliadas. A interação com os avós era limitada porque quando os jovens adultos contraíam matrimônio seus próprios pais muitas vezes já tinham morrido. O trabalho familiar concentrava-se em mulher e marido, mais as crianças capacitadas e talvez um trabalhador externo. Isso podia aumentar as responsabilidades das mulheres, o que ajuda a explicar práticas de enfaixar as crianças e contratar amas-de-leite. Será que essa pressão do trabalho seria, por sua vez, a razão por que a tradição ocidental tendeu a limitar contato físico entre mãe e filhos, comparado com sociedades como as africanas em que as mães carregavam as crianças enquanto trabalhavam, desfrutando da proximidade dos dois corpos? Mesmo o *timing* de crianças na Europa Ocidental e nos Estados Unidos colônia – com um número desproporcional de crianças que nasciam em fevereiro e março, aparentemente de forma deliberada para atrapalhar o menos possível o trabalho das mulheres – refletia as necessidades do trabalho e os resultados em termos de atenção disponível para os filhos.

O sistema, sem dúvida, criava mais do que a tensão entre gerações, comum no final da juventude. Como os filhos não podiam se casar antes de possuir uma propriedade, e como a propriedade tendia a permanecer com o pai até sua morte, as chances de relacionamentos conflituosos eram grandes. Nas colônias agrícolas dos Estados Unidos, os pais mudavam essa situação transferindo parte da terra antes de morrer (é claro que havia grande quantidade de terra em comparação com a Europa), mas mesmo assim ocorriam muitas disputas e violência. No século XVIII, na França, pais idosos eram as vítimas mais comuns de assassinatos, perpetrados por filhos impacientes. Um camponês expressou indiferença, quase hostil, mesmo quando seu pai morreu naturalmente: "Meu pai morreu hoje. Eu fui arar o campo".

O padrão da família européia dependia inteiramente de considerável controle sexual. A maior parte das pessoas não podia casar antes que se passasse uma década após a puberdade. Ao mesmo tempo, tanto os códigos religiosos como a necessidade de proteger a economia familiar contra nascimentos indesejados desestimulava a atividade sexual plena antes do casamento. Os povoados monitoravam o comportamento sexual da juventude de perto, não permitindo emparceiramentos até que houvesse uma perspectiva clara de casamento. Nesse caso, a atividade sexual podia ocorrer, levando a certo número de gravidez pré-nupcial em que os nascimentos, no entanto, se davam depois do casamento. A ilegitimidade acontecia, mas em número tímido – 2% a 3% dos nascimentos. A juventude ocidental, em outras palavras, tinha de acomodar-se a restrições pouco usuais de sexualidade em virtude do casamento tardio. É interessante especular sobre as conseqüências em termos de tensões individuais e saídas alternativas. Isso incluía o freqüente recurso de deixar o casal deitar junto mas vestido [*bundling* – antigo costume de namorados no País de Gales e na Nova Inglaterra] – e (numa ocorrência que apenas podemos adivinhar) o uso de animais para objetivos sexuais. Houve também um aumento da prostituição, particularmente em áreas urbanas.

Análises comparativas indicam padrões diferenciados no Ocidente a respeito de crianças bem pequenas, bem como de jovens, graças a uma combinação de doutrina religiosa e organização familiar. As diferenças operavam, é claro, dentro de uma faixa comum. Enfaixar as criaças pequenas, por exemplo, não ocorria só no Ocidente, embora o fato de as mães estarem envolvidas no trabalho possam ter contribuído para maior isolamento. O Oriente Médio também apresentou uma disciplina caracteristicamente rigorosa, embora com um pouco mais de controvérsia que no Ocidente, e o Islã também estimulava uma preocupação terrível com o pecado. A preocupação com a obediência era disseminada.

A juventude prolongada no Ocidente certamente contrastava com o interesse no Oriente Médio de passar mais rapidamente da infância para o estágio adulto em que o trabalho, no entanto, ainda podia ser ainda controlado pelas famílias ampliadas. O padrão ocidental pode ter tido algumas vantagens, embora também encorajasse mais inquietação. Muito do protesto urbano na Europa Ocidental poderia ser atribuído a rapazes mantidos afastados da plena maturidade econômica.

A visão ocidental no que tange a crianças pequenas, à medida que refletia certa influência da idéia do pecado original, pode ter sido menos condescendente, criando mais sensação de culpa do que sua correspondente em outros lugares. Isso pode estar associado a uma atenção materna menor, devido a exigências do trabalho dentro da família nuclear. Será que essas diferenças afetavam também a sociedade em geral? É bastante curioso, como será visto no próximo capítulo, que um dos primeiros temas dos reformadores no Ocidente focalizasse o tratamento à primeira infância, do costume de envolver as crianças em panos à idéia de pecado. O tema não resultou de análise comparativa cuidadosa, mas sugeriu a consciência de alguns dos inconvenientes das visões pré-modernas ocidentais.

Características pré-modernas da infância do Ocidente começaram a mudar do final do século XVII em diante, embora práticas e idéias mais antigas permanecessem ainda por um longo tempo. A mudança modificaria aos poucos algumas das ênfases do cristianismo tradicional, inclusive a invocação do pecado original, assim como algumas das características da família européia, que incluía a rigorosa insistência no controle sexual. Foi a mudança da visão ocidental acerca da infância que veio a ter significado não apenas no Ocidente, mas também, através de sua influência, em outros quadrantes do mundo. Durante a maior parte do período coberto por esse capítulo, o Ocidente imitou mais do que foi imitado, com exceção da exportação de uma versão da infância ocidental para o outro lado do Atlântico no século XVII.

Vamos nos ater às mudanças mais amplas na experiência do Ocidente no próximo capítulo, porém a observação a seguir garantirá seu lugar nessa discussão. Um dos primeiros sinais de mudança na visão do Ocidente sobre a infância chegou à intelectualidade. No final do século XVII, John Locke afirmou que as crianças, longe de serem corrompidas pelo pecado original, eram na verdade *tábula rasa* [filosofia: para os empiristas radicais, estado que caracteriza a mente vazia, anterior a qualquer experiência], aptas a progredirem com educação cuidadosa. No século seguinte, muitos pensadores do Iluminismo retomaram esse veio, atacando o cristianismo tradicional pelo dano que infligia às crianças (entre outros equívocos) e insistindo em maior atenção à escolaridade. Outros intelectuais, como Jean-Jacques Rousseau, acrescentaram um compromisso mais apaixonado com a individualidade das crianças, com os métodos de criação que deveriam tratá-las com carinho e com os métodos de escolaridade que alimentassem nelas a centelha criativa. O que teria causado essa revisão significativa na perspectiva – uma revisão que inegavelmente preparou algumas das mudanças mais precisas que afetaram as crianças, de práticas mais individualistas a novas formas de educação de massa? Com certeza, o desenvolvimento da ciência, em confronto com a religião tradicional e sua clara demonstração de que o conhecimento poderia avançar além do dogma cristão, estimulou o repensar da questão. Nessa direção atuou também a crescente prosperidade de muitos europeus, o que lhes permitiu prover novos tipos de cuidados para com as crianças – basicamente por volta do final do século XVIII, incluindo um primeiro conjunto de itens de consumo destinados intencionalmente aos jovens. Não teria havido também uma percepção implícita de que aspectos da tradição ocidental eram não só rígidos, mas também contraproducentes, criando tensão entre as crianças e os pais e impedindo o desabrochar dos talentos das crianças? A tradição ocidental não liderou propriamente a tendência disseminada pelo mundo de reconsiderar aspectos da infância, mas talvez sua fragilidade tenha estimulado a mudança.

Mesmo diante da iminência de mudança, a infância do Ocidente tradicional manteve a sua importância em termos históricos, em parte devido ao seu envolvimento em vigorosa polêmica e, ao cabo, iluminadora. As práticas iniciais não desapareceram com o processo de mudança. As amas-de-leite persistiram mais do que se possa imaginar, apesar das críticas que a prática recebia. Idéias antigas sobre disciplina persistiram também. O historiador Philip Greven identificou uma continuidade entre a minoria cristã evangélica nos Estados Unidos, na crença continuada sobre a necessidade de disciplina física rigorosa e na mal contida raiva nas relações pai-filho. Outra expressão interessante: à medida que a sociedade ocidental desenvolveu novas formas de tratar as crianças, foi retomada a idéia de considerável separação física, colocando as crianças em carrinhos; em contraste, esforços para vender carrinhos na África urbana fracassaram em virtude do tradicional costume de carregar as crianças nas costas. Há ainda espaço para se debater o que é a infância no Ocidente, em que ela é diferente, e quais complexos vínculos com o passado permaneceram.

Para saber mais

Phillipe Ariès, *Centuries of Childhood: a social history of family life* (New York: McGraw-Hill, 1962); Erik Erikson, *Young Man Luther: a study in psychoanalysis and history* (New York: Norton, 1958); Mary Hartman, *Households and the Making of History: a subversive view of the Western past* (New York: Cambridge University Press, 2004); Stephen Ozment, *Ancestors: the loving family in old Europe* (Cambridge, MA: Harvard University Press, 2001); Linda Pollock, *Forgotten Children: parent-child relations from 1500 to 1900* (Cambridge University Press, 1983); David Hunt, *Parents and Children in History: the psychology of family life in early modern France* (New York: Harper and Row, 1972); Lawrence Stone, *The Family, Sex and Marriage in England, 1500-1800* (New York: Harper and Row, 1977); Jean Delumeau, *Sin and Fear: the emergence of a Western grilt culture, thirteenth-eighteenth centuries (New York: St. Mrtin's, 1990); Philip Greven, *Spare the Child: the religious roots of punishiment and the psychological impact of abuse* (New York: Knopf, 1991); John Demos, *Past, Present and Personal: the family and the life course in American history* (New York: Oxford University Press, 1986).

Causas de mudança e o modelo moderno de infância: avanços no Ocidente, do século XVIII a 1914

Os historiadores são cautelosos quanto às generalizações. Preferem contar histórias que sinalizem padrões mais amplos do que expor os padrões explicitamente, correndo o risco de simplificar demais. Também tendem a ser muito específicos quanto a localidades e põem-se nervosos diante de relatórios que cobrem grandes extensões geográficas. Estudiosos de história mundial, embora não tão cautelosos como o restante da classe, tornam-se compreensivelmente irascíveis com os debates que privilegiam o Ocidente, uma vez que um de seus objetivos é equilibrar a compreensão histórica de maneira que o Ocidente não pareça estar governando o passado. Uma razão importante que levou os estudiosos de história mundial a criticar o que era chamado de "modelo de modernização" é que ele deu lugar de honra ao Ocidente e admitiu (em suas versões mais simples) que o resto do mundo seguiria padrões ocidentais, caso contrário estaria ocorrendo uma deficiência que precisaria ser explicada.

Cautela demais, no entanto, na moderna história mundial da infância poderia provocar séria desorientação. Funciona melhor um choque de ousadia. Este capítulo começa esboçando um modelo moderno de infância, para que as florestas não se percam pelas árvores. Três mudanças principais separam a infância moderna característica da infância das sociedades agrícolas. Esses padrões não descrevem toda a infância, mas acarretam diversos corolários, independente de um lugar específico. Além do mais, as mudanças ocorreram primeiro na Europa Ocidental e nos Estados Unidos. Outras sociedades adotaram as mudanças em parte imitando o Ocidente, embora houvesse razões independentes para a dinâmica além da mera imitação. Também é verdade que algumas sociedades estão ainda envolvidas no processo de transição. Estamos falando de um modelo moderno que permanece dinâmico e da possibilidade de algumas sociedades rejeitarem o modelo ou modificá-lo substancialmente. O que se reivindica aqui, no entanto, não é uma simples versão de uma modernização da infância. Havia diferenças entre o modelo moderno como funcionou especificamente no Ocidente, que é o assunto deste capítulo, e a forma como ele se realiza ou está se realizando em outros lugares (e essas comparações estarão presentes nos próximos capítulos).

Por fim, embora o modelo moderno possa também parecer "bom", comparado com condições tradicionais – que é outra maneira de dizer que a maioria de nós está tão acostumada ao modelo moderno que dificilmente consegue dar valor às alternativas –, ficará bastante claro que o modelo acarreta toda sorte de desvantagens. Algumas delas já vieram à tona no Ocidente no século XIX, outras ficaram mais nítidas posteriormente. Como o modelo moderno implicava mudança significativa, provocava também muita ansiedade, e algumas persistiam mesmo onde os padrões pareciam firmemente estabelecidos. Algumas sociedades estão ainda debatendo se devem adotar o modelo moderno, mesmo distantes de armadilhas ocidentais específicas, e isso pode ser visto como bastante razoável. O modelo moderno não é complicado em sua essência, mas sua posição na história geral não pode ser simplificada demais.

A infância moderna, tendo começado a emergir primeiro no Ocidente nos séculos XVII e XIX, engloba três questões essenciais e inter-relacionadas. A primeira mudança, a essencial, envolve a passagem da infância, até então voltada ao trabalho, para a escolaridade. A idéia de que as crianças deveriam começar a ajudar a economia familiar bem cedo, e depois serem capazes de se manter e mesmo adicionar recursos à economia da família entre os 15 e 20 anos, era fundamental nas sociedades agrícolas. No modelo moderno, isso deu lugar à noção de que crianças pequenas não deveriam trabalhar de forma alguma, e em vez disso, ir para a escola. Aos poucos, essa idéia se estendeu para os jovens em meio à adolescência, que também deveriam deixar o trabalho e ir para a escola. Isso significava, como muitos pais rapidamente perceberam, que as crianças deixavam de ser ativos para se transformar em passivos econômicos, o que por sua vez exigia repensar seriamente a natureza e o sentido da infância.

Por outro lado, junto com uma urbanização mais geral que dificultava os cuidados das crianças, estimulava-se o segundo elemento do modelo moderno: a decisão de limitar o tamanho da família a patamares mais baixos do que nunca. As famílias agrícolas tinham de cinco a sete filhos, mas esse número de crianças era inviável uma vez que custavam caro pelos gastos com comida, roupa e despesas de escola. Manter baixas taxas de natalidade não era fácil de se conseguir. Muitas sociedades passaram por discussões difíceis sobre que métodos eram morais e exeqüíveis, debate ainda presente hoje mesmo nos Estados Unidos. A adequação do adulto também podia ser difícil: se a paternidade se tornava menos importante, pelo menos em termos quantitativos, como as responsabilidades familiares deveriam ser definidas? Porém, quaisquer que fossem as ansiedades, o processo de redução da taxa de natalidade mostrou-se central no modelo moderno de infância.

A terceira transição fundamental do modelo moderno envolveu uma dramática redução da taxa de mortalidade infantil: tradicionalmente em torno de 30% a 50% das crianças morriam até os 2 anos. Os efeitos relacionados com as mudanças de taxas de natalidade variaram. No Ocidente, a redução da taxa de natalidade começou primeiro, o que estimulou uma preocupação maior em garantir a vida das crianças que nasciam, que, por sua vez, incentivou maior controle da natalidade. Em grande parte do resto do mundo, as taxas de mortalidade infantil caíram primeiro, em geral como resultado da melhoria de saneamento e medidas públicas de prevenção de saúde, e isso desencadeou uma necessidade urgente de baixar a taxa de natalidade, em parte para compensar a queda da mortalidade.

As três mudanças básicas trouxeram novos ajustes em sua esteira – quando ou onde ocorreram. Como era de se prever, as qualidades que se desejava de uma criança se expandiram para incluir atenção específica à inteligência: programas escolares e de teste deixaram claro aos pais que a inteligência mensurável era um dom de Deus.

Uma maior segregação de crianças por idade seguiu-se ao modelo moderno. A maioria das escolas dividia as crianças em classes, ou dividia a classe em seções por idade. Além do mais, com taxas de natalidade mais baixas, as crianças cresciam com menos irmãos, o que reduzia relacionamentos cruzados e promovia maior interação com colegas da mesma idade. O nivelamento por idade podia também afetar a maneira pela qual muitos adultos pensavam sobre as crianças. No século XX, primeiro no Ocidente, mas depois de forma mais ampla, um grande grupo de especialistas elaborou padrões de desenvolvimento por idade, incluindo habilidades cognitivas. Esses especialistas construíram e impuseram (segundo alguns críticos de forma exagerada) padrões de idade específicos dentro e fora das escolas.

O relacionamento adulto-criança foi afetado pelo modelo moderno, embora várias fórmulas específicas pudessem resultar disso. A escolaridade reduziu o controle paterno sobre as crianças. Tal fato podia ser preocupante, particularmente quando as escolas representavam valores de classe social, étnicos e religiosos distintos da família. Por outro lado, os contatos dos adultos com crianças pequenas aumentaram pela simples razão de que, com taxas de natalidade mais baixas e as meninas saindo de casa para ir à escola com mais freqüência, havia menos filhos maiores disponíveis para olhar crianças em idade pré-escolar. Passou a haver mais cuidado direto de um dos pais (geralmente a mãe) sobre as crianças pequenas ou tornou-se essencial a ajuda externa paga. Por fim, com o declínio das taxas de natalidade e mortalidade, provavelmente a relação (na média) dos pais com cada criança cresceu. Isso não pode ser exagerado visto que os pais, nas sociedades agrícolas, tinham grande responsabilidade pelos filhos; contudo, com menos crianças no total e com menos possibilidades de crianças pequenas morrerem, o investimento emocional em cada criança aumentou. Certamente, embora essa seja uma constatação tanto de cunho econômico quanto emocional, a inclinação dos pais em serem tolerantes com crianças em grupos com baixa taxa de natalidade tendia a aumentar, e isso se evidenciou tanto no Ocidente desde o final do século XVIII até na China do início do século XXI.

O modelo moderno de infância tinha implicações de gênero, embora tão radicais que freqüentemente ficaram encobertas. A necessidade objetiva de distinção de gênero entre as crianças declinou. Com crianças menos comprometidas com o trabalho, com suas atribuições de gênero usuais, e com a redução da ênfase na maternidade para as meninas, pelo menos em termos do número de filhos esperado, a necessidade de dar orientações muito diferenciadas para meninos e meninas foi modificada. Além do mais, meninas e meninos podiam se sair igualmente bem na escola, embora isso não fosse percebido imediatamente. Na verdade, as meninas podiam ter uma certa vantagem. Muitas sociedades dissimularam essa mudança, defendendo, por exemplo, que meninas e meninos deveriam estudar assuntos distintos – nada de ensino muito técnico, mas bastante economia doméstica para as meninas. Os livros de leitura deveriam ser separados, como no final do século XIX na França, que informavam as meninas sobre suas responsabilidades familiares e de apoio. Quando meninas e meninos foram juntados nos anos 1920 na coeducação americana, outros artifícios como prática separada de esportes, roupas distintas e mesmo cores diferentes (foi nesse ponto que a cultura de consumo americana introduziu o rosa para as meninas e o azul para os meninos) fizeram realçar quão diferentes eram os sexos na infância. Entretanto, a base objetiva disso se enfraqueceu e na prática a distância entre os dois sexos finalmente diminuiu.

Por último, o modelo moderno como um todo criou separações maiores entre infância e estágio adulto do que na sociedade agrícola. As crianças não trabalhavam mais junto com os pais, quando o trabalho deixou a residência (com a industrialização), e uma vez que estavam na escola. Ficou mais difícil ver a infância em conexão direta com os demais estágios da vida. É claro, as escolas estavam preparando para a vida e muitos o percebiam, porém as conexões podiam ser bastante abstratas, e o fato é que a maior parte do dia da criança se passava longe do mundo adulto – o "mundo real" como os americanos, de maneira reveladora, chamavam. Essa separação podia afetar as atitudes dos adultos com relação às crianças, que agora podiam parecer privilegiadas, e complicar os esforços das crianças para encontrar sentido em suas vidas, estimulando novos tipos de estresse e desorientação.

Este era o modelo moderno: escola, menos mortes, menos crianças no conjunto da população e em cada família, com muitas outras implicações e conseqüências. Vamos ver agora como esse modelo surgiu inicialmente no Ocidente e verificar com cuidado alguns desdobramentos ocidentais específicos que o acompanharam, apesar de não serem essenciais para o modelo.

O primeiro elemento do modelo moderno, escola em vez de trabalho, acabou, no final das contas, sendo favorecido, visto que, com a industrialização, o trabalho infantil foi sendo substituído, por máquinas e que receber alguma escolaridade passou a ser visto como essencial para o sucesso do adulto. No entanto, a doutrina havia sido preparada, no Ocidente, por evoluções culturais anteriores, que tomaram forma no final do século XVII e no século XVIII, propiciando uma nova visão da infância preliminarmente e antecipando os impulsos mais evidentes de mudança. Com efeito, as grandes alterações na infância proporcionaram primeiramente um exemplo intrigante de mudanças culturais, e gradualmente estimularam mudanças reais de comportamento que seriam reforçadas pelos avanços na mecanização.

Ocorreram então dois tipos de reflexão. A Revolução Científica e o Iluminismo alentaram a crescente crença entre filósofos ocidentais de que as crianças não eram corrompidas ao nascer, como o cristianismo e particularmente as doutrinas protestantes do pecado original insistiam em afirmar. A ciência mostrou que velhas idéias deviam ser descartadas e que as crianças podiam ter acesso à razão. John Locke afirmou, como vimos, que a criança era *tabula rasa* ao nascer, aberta ao aprendizado e essencialmente boa ou, pelo menos, neutra, a não ser que fosse corrompida por influência externa. Essas idéias se estenderam amplamente e promoveram uma crença progressiva de que a infância deveria estar voltada à educação. Discussões acirradas se insurgiram contra essa nova visão, com uma poderosa minoria de protestantes, particularmente nos Estados Unidos, ainda insistindo no pecado do nascimento e a concomitante necessidade de uma severa disciplina punitiva.

Gradualmente, durante mais de um século, uma visão mais moderada moldou o pensamento da maioria. A segunda inovação envolveu a ênfase em fortes ligações emocionais que deveriam unir uma família bem-sucedida, em especial as mães com os filhos. A ênfase no amor familiar não teve precedentes. Retratos de famílias respeitáveis começaram a mostrar mais e mais expressões de emoção. Tornou-se aberta a exibição pública de pesar pela morte de crianças. Outra conclusão intrigante foi uma progressiva abertura para ouvir as opiniões dos filhos e filhas sobre os arranjos matrimoniais e a disposição de romper acordos se um dos filhos declarasse que não poderia amar o cônjuge escolhido para ele. Filhos mais velhos começaram a ganhar nova voz com base nas redefinições emocionais.

Essas evoluções intelectuais se ligam a outras mudanças no Ocidente durante o século XVIII. A prática da escolha dos nomes mudou: poucas famílias rurais esperavam a criança fazer dois anos para lhes dar um nome, e se a criança morresse o nome dela não seria mais usado. Essas mudanças sugerem a crescente ligação emocional com crianças e a nova crença em sua individualidade. Em várias partes da Europa abandonou-se o hábito de envolver os bebês com faixas, deixando-os se movimentar mais livremente. Isso aumentou a responsabilidade de vigiá-los, mas promoveu um desenvolvimento mais saudável. Surgiram críticas à prática de enviar as crianças para as amas-de-leite, embora, como vimos, a prática de fato tenha declinado muito lentamente. Reformadores sustentaram que as mães deveriam cuidar de seus próprios filhos e evitar maiores riscos para a saúde deles associados com amamentação externa. Os pais foram aconselhados a controlar a raiva e não utilizar o medo para disciplinar os filhos, embora, é claro, esse comportamento só tenha se modificado gradualmente e de forma incompleta. Cresceu o interesse em compras para as crianças, associado ao desejo de educar; surgiram pela primeira vez livros escritos especialmente para elas. Ao mesmo tempo, houve um movimento crescente de interferência em brincadeiras não estruturadas, substituindo-as por recreação mais edificante. A juventude passou a ser mais cobiçada, os adultos querendo paulatinamente parecer mais jovens do que eram, muitas vezes mentindo a idade. Ainda assim, certas regras para a juventude se tornaram mais bem elaboradas. Ênfase crescente para as boas maneiras em famílias respeitáveis trouxe consigo novas tentativas para controlar os hábitos à mesa e de postura. Isso se constituiu numa complexa mistura de mudanças, não tendo havido propriamente um ganho total para as crianças.

A transição para as características essenciais da infância ocorreu de forma gradual No que tange especialmente ao trabalho infantil, esteve longe de se resolver mesmo por volta de 1914. (Segundo os revisionistas, a continuidade que encontraram em algumas características essenciais desqualificava a denúncia de Ariès de um agudo contraste entre a tradição ocidental e a modernidade.) Com o desenvolvimento da industrialização e o crescimento das cidades, o que chamava a atenção de observadores atentos era uma nova miséria e não as transições básicas. Muitas famílias de trabalhadores tinham de pôr as crianças para trabalhar em fábricas insalubres – a experiência do trabalho não era nova, mas a condição do novo local era preocupante. Tornou-se significativo o número de famílias de trabalhadores, incluindo mães solteiras às vezes grávidas dos próprios empregadores, que tinham de mandar os filhos para orfanatos e casas de enjeitados, onde, no melhor dos casos, eram sujeitos a trabalhos forçados e vigilância moralizadora, chegando a sofrer abusos. Muitas crianças moravam nas ruas, nem sempre abandonadas e sim em situações precárias, não eram poucas as que caíam em crimes menores, do tipo descrito por Charles Dickens em *Oliver Twist*. No entanto, sem negar o horror amplamente disseminado, essas condições não eram, em geral, permanentes. A mudança em direção à escolarização acabou, por fim, reconfigurando a infância em todas as classes.

A partir do final do século xviii foi dada nova atenção à expansão e redefinição dos sistemas educacionais. Surgiram novas escolas secundárias para a formação da elite e os governos começaram a se interessar, ainda que de forma tímida, pela educação primária de massa. Uma lei estimulando, embora não exigindo, a fundação de escolas, foi sancionada na França em 1833. Os estados americanos do Norte se desenvolveram mais rapidamente, aumentando as matrículas escolares em princípio dos anos 1830, embora muitas crianças só freqüentassem a escola esporadicamente. Entre 1860 e 1880, a presença obrigatória se tornou comum no mundo ocidental (embora os estados americanos do Sul só chegassem a isso depois de 1900), e por volta de 1890 a grande maioria das crianças estava alfabetizada. Houve mais do que obrigatoriedade, posto que os governos desempenharam efetivamente um papel na promoção da educação como vantajosa para a economia e para a cidadania moderna. Por volta de 1860, famílias de camponeses na França começaram a reconhecer que dar alguma instrução aos filhos homens era proveitoso, uma vez que lidar com negociantes exigia o domínio da leitura e dos cálculos. Um pouco mais tarde começou a fazer sentido enviar também as filhas para a escola, com a esperança de que teriam oportunidades de emprego, como o de professora. Junto com a educação surgiram leis limitando o trabalho infantil, principalmente nas fábricas. A legislação se difundiu pela sociedade ocidental por volta de 1850, mas a fiscalização efetiva implantou-se de forma extremamente paulatina. Durante décadas, muitas crianças continuariam a trabalhar e freqüentar escolas ao mesmo tempo, em particular em áreas rurais e nas classes trabalhadoras. No entanto, a tendência era clara e os argumentos para a transferência das crianças do trabalho para a escola eram bem fundamentados.

Aos poucos, um número crescente de pais de classe média e mesmo de classe média baixa começou a enviar as crianças, durante um ano ou dois, para a escola secundária. O ensino secundário americano surgiu por volta de 1840. Países europeus introduziram mais para o final do século novas escolas secundárias junto a unidades de elite para satisfazer as demandas crescentes. A juventude, assim como a infância, estava sendo redefinida, embora primeiro para as classes médias.

A redução da taxa de natalidade se espalhou muito a partir do século XIX. A classe média e, nos Estados Unidos, os proprietários rurais haviam-na adotado no começo dos anos 1790. Seguiram-se as classes trabalhadoras, assim como os camponeses, principalmente depois de 1870. Regiões seculares, em países como França ou Canadá, mudaram mais rapidamente do que as religiosas. O processo requeria repensar o que tanto a infância quanto a paternidade implicavam, o que poderia vir a ser desconcertante. A incerteza com relação aos instrumentos de controle da natalidade também eram complicadores, e muitas famílias preferiam adotar a abstinência sexual. No início do século XX, tornou-se rara a existência de famílias efetivamente grandes, em particular nas cidades e entre grupos de não-imigrantes. Embora os migrantes das zonas rurais, ou emigrantes vindos do sul e leste da Europa registrassem altas taxas até por volta de 1900, adequaram-se rapidamente aos novos cenários.

A última peça do quebra-cabeça moderno, a redução do índice de mortalidade, ocorreu mais abruptamente no Ocidente. O crescente pesar pela morte de crianças e uma tendência progressiva de responsabilizar os pais, particularmente as mães, manifestaram-se em meados do século xix, criando o cenário para novas práticas, embora no início de forma tímida. Famílias pobres, que ainda tinham altas taxas de natalidade, chegavam na verdade a contabilizar algumas mortes. Um trabalhador alemão não especializado escreveu como sua sobrecarregada mulher mediu a passos seu pequeno apartamento, murmurando "ah, se ele morresse!". O uso crescente de medidas sanitárias no parto, na assistência pré-natal, e centros urbanos destinados a oferecer leite e alimentos para as crianças começaram a mostrar resultados significativos a partir de 1880. Durante os 40 anos seguintes, nos dois lados do Atlântico, a mortalidade infantil caiu de 25%-30% para 5%. (O uso decrescente de amas-de-leite também auxiliou essa mudança.) A transformação da modernidade se viu completada na essência, embora outros aprimoramentos ainda estivessem por vir. Com isso, apesar das diferenças regionais e de classe, muito do modelo moderno tinha sido instalado por toda a sociedade ocidental no início do século xx.

Essas mudanças foram acompanhadas por diversas outras evoluções consistentes que refletiram mais estritamente a visão ocidental da infância moderna que podia ou não estar presente nos modelos modernos de outras partes do mundo. Vários desses efeitos secundários eram interessantes não só em relação ao movimento básico em direção ao modelo moderno, mas também em contraste com as tradições ocidentais iniciais, inclusive as crenças cristãs e preocupações anteriores sobre juventude e trabalho. Talvez precisasse ocorrer uma reconceitualização significativa, pelo menos em princípio, precisamente pelas manifestações da modernidade contra alguns padrões diferenciados antes dominantes no Ocidente.

Um traço característico das correntes intelectuais do século XVIII foi a idealização da criança. Na literatura da classe média, as crianças eram retratadas como perfeitos inocentes, cheios de amor e merecedores, em retribuição, de todo o amor. Quadros e histórias disseminaram essa imagem. A maternidade ganhou um novo crédito como fonte fundamental do amor familiar, os filhos deveriam ser tratados com todo carinho, e mesmo os pais que trabalhassem fora de casa deveriam se aproximar e compartilhar da alegria. Embora muitas famílias tenham assumido sem dúvida essa especial atenção com desconfiança, diários e histórias como o clássico americano *Little Women* mostraram com que tenacidade as famílias buscaram torná-la realidade. Nesse modelo, a raiva deveria sumir do seio da família, ainda que a nova imagem quase acolhesse a tristeza. O verdadeiro lazer da família, nas classes médias e entre artesãos respeitáveis, apoiava-se nos mesmos sentimentos de intimidade familiar. O piano tornou-se mobiliário fundamental a partir de 1830, para que a família reunida cantasse ao seu redor. A idéia de férias familiares começou a ganhar terreno. A celebração de aniversários, outro novo hábito, expressava a afeição familiar bem como um compromisso com a individualidade da criança.

O amor à inocência teve também outra conseqüência natural. As responsabilidades paternas e particularmente maternas aumentaram no sentido de proteger as crianças da perda de valores assim como de doenças. Muitas mulheres se esforçavam intensamente a fim de manter um espírito alegre para com os filhos. Tornou-se difícil para as próprias crianças, particularmente as meninas, expressarem descontentamento em famílias de classe média – pois discordar não deveria perturbar um ambiente doméstico caloroso. Por volta de 1860, uma nova desordem alimentar começou a ser registrada em meninas de classe média: a anorexia nervosa. A rejeição à comida preparada por mães dedicadas podia ser uma maneira indireta de reagir à asfixia dos pais que não podiam ser explicitamente criticados. A doença iria ganhar terreno mais tarde, quando os padrões de beleza adotassem a magreza como ideal. Embora os meninos tivessem um pouco mais liberdade e fossem autorizados e até estimulados a se meter em jogos mais rudes com os amigos para não se tornarem afeminados ou, um novo termo que surge, maricas, enfrentaram também uma série de novas regras, inclusive exigências de boas maneiras e controle cuidadoso do corpo.

A sexualidade era um problema real no imaginário da inocência amorosa. As crianças da classe média, e em particular os meninos, não podiam se casar muito cedo, pela necessidade de completar a educação e dar início a suas carreiras antes de assumirem responsabilidades familiares. Ao mesmo tempo, era de importância vital não sobrecarregar uma família com crianças demais e, é claro, com filhos nascidos fora do casamento. Uma enorme e recente preocupação com a masturbação revelou o aumento do nível de ansiedade sobre sexualidade e infância, tendo gerado verdadeiro empenho em discipliná-la. Num extremo, algumas crianças foram submetidas a padrões e regras de comportamento por causa de uma incorrigível masturbação a que se atribuía todo tipo de distúrbios de saúde e insanidades mentais. As crianças deveriam ser atraentes, é claro, e as meninas ganharam toda sorte de treinamento na arte da boa aparência a fim de atrair o interesse e a corte masculina, agora que o casamento deveria, em tese, ser baseado no amor. Os novos padrões ocidentais promoviam um complicado malabarismo em que o sexo não era visto com bons olhos, ao mesmo tempo que um flerte carregado de sexualidade era estimulado. Alguns jovens e mesmo adultos achavam a combinação confusa.

Juntamente com a ênfase na inocência amorosa e nos complicados avisos de controle sexual, o Ocidente introduziu uma inovação básica em sua visão da infância no século XIX: a idéia de adolescência. A palavra começou a ser usada a partir de 1830, mas só se tornou corrente quando sancionada por psicólogos infantis como o americano G. Stanley Hall, no final do século XIX. A adolescência correspondia a uma fase específica da infância que não tinha sido identificada antes, e era incluída na categoria mais geral de "juventude". O conceito, aplicado principalmente para a classe média naquele momento, emergia de várias mudanças essenciais ocorridas na experiência e na idéia de infância. Denotava, em primeiro lugar, o aumento do período de dependência dos filhos, que agora eram mandados para a escola secundária em vez de para o trabalho. A adolescência demarcava uma intensificação da diferença entre o jovem e o adulto. A adolescência também marcava um período de maturação sexual sem saídas respeitáveis para se expressar. Em meio a uma melhor nutrição e maiores contatos e tentações da vida urbana, as crianças na sociedade ocidental começaram a conhecer a puberdade cada vez mais cedo: ao passo que a puberdade aos 16 anos era comum no século XVIII nos Estados Unidos, a idade se havia reduzido em pelo menos dois anos por volta de 1860. Essa verdadeira mudança obviamente complicou a tarefa de controle sexual de que os padrões da classe média tanto dependiam e a adolescência ajudou a expressar essa tensão. De modo mais amplo, a adolescência se constituiu num período de turbilhão emocional para muitas crianças, ajudando os pais a entender por que, apesar da criação amorosa, o relacionamento poderia se tornar difícil durante alguns anos.

O conceito de adolescência desencadeou uma mudança social mais ampla que, no entanto, era uma faca de dois gumes. Por ser tão diferente do adulto e na esperança de preservar ou restaurar a inocência infantil, o adolescente que se afastasse dos padrões precisaria de tratamento distinto daquele dado pela polícia e pelas cortes de justiça. Os infratores não deveriam ser jogados em meio a criminosos adultos. No final do século XIX, reformadores introduziram em toda a sociedade ocidental novos códigos de justiça para a juventude, com juizados especiais e instituições penais separadas – os reformatórios. Ao mesmo tempo, as leis que regulavam o comportamento juvenil ficaram mais severas. Comportamentos como o vandalismo, que havia sido tolerado em tempos mais tradicionais, quando as pessoas acreditavam que a juventude não afrontaria excessivamente as normas da comunidade, agora se tornavam ilegais num contexto mais anônimo das cidades que se alastravam. O mesmo, é claro, ocorria com a atividade sexual livre, e o tratamento de jovens infratoras tornou-se particularmente rígido. Houve grande empenho em se criminalizar a bebida, e por várias décadas também o cigarro, entre adolescentes. Tornou-se mais difícil para muitos jovens respeitar as exigências sociais. Uma variedade de novas instituições, como o movimento escoteiro, surgiu para ajudar a juventude a se movimentar em meio as difíceis mudanças por que passava sem cair nas alternativas ilegais. Ao mesmo tempo, receios geralmente exagerados sobre o aumento da criminalidade juvenil marcaram as ambigüidades que permeavam a visão da sociedade ocidental sobre a adolescência a partir do século XIX.

Algumas das tensões da nova visão de infância, e as novas condições das próprias crianças, eram ainda moldadas por fatores de classe social e de gênero. Pessoas respeitáveis da classe média acreditavam manter seus adolescentes sob controle, mas não confiavam nos imigrantes ou na classe trabalhadora. A crença na inadequação de muitos pais cresceu à medida que a definição de paternidade responsável se tornou mais rigorosa. Diferenças de classe ajudaram a explicar a confiança no policiamento e uma série de intervenções contra pais da classe trabalhadora, incluindo a vigilância moralista sobre grupos particularmente vulneráveis como mães solteiras. Jovens da classe trabalhadora desenvolveram interesses recreativos – por exemplo, nos novos parques de lazer – que a classe média desaprovava. Na cultura da classe trabalhadora a atividade sexual pré-marital podia ser tolerada, se seguida de casamento. No início do século XIX, de fato, o aumento na taxa de nascimentos ilegítimos entre adolescentes e jovens adultos ajudou a estimular novos níveis de vigilância da classe média. Discordâncias sobre a respeitabilidade entre as crianças expressavam a combinação de padrões de classe média com as profundas divisões sociais na sociedade ocidental do século XIX.

A questão de gênero apresentava outra linha divisória. As diferenças entre meninas e meninos eram bem acentuadas, e a eles eram destinados distintos papéis – esposa e mãe *versus* trabalhador ou negociante. Enquanto o novo imaginário enfatizava a inocência amorosa de todas as crianças (a menos que desvirtuadas por pais relapsos), as meninas eram consideradas particularmente inocentes, tidas por natureza como mais tranqüilas e muito menos premidas que os meninos pelo desejo sexual. Esses padrões impuseram fortes constrangimentos nas meninas, embora muitas tenham se saído muito bem. Fracasso, em particular na arena sexual, era sancionado com severidade. Meninos decentes enfrentavam sua própria complexidade. Esperava-se que fossem gentis no âmbito doméstico, mas capazes de ações firmes fora de casa. Deveriam respeitar a moderação sexual ao fazer a corte (embora houvesse alguns desvios nesse sentido, mesmo na classe média), e também perceber que os homens tinham, por natureza, a iniciativa sexual. Alguns estudantes no final da adolescência podiam reduzir essa tensão particular por relações sexuais com meninas de classe mais baixa ou prostitutas, desfrutando de um duplo padrão sexual, comparado com garotas da classe média. De maneira geral, uma infância com características de gênero muito marcantes foi um legado do Ocidente. Ainda que isso tenha declinado no século xx, continuou a influenciar o Ocidente e também as idéias ocidentais sobre a infância em outras sociedades.

A sociedade ocidental do século xix acompanhou a criação do moderno modelo de infância com uma série de adornos que ao mesmo tempo colocavam expectativas quase impossíveis e geravam uma série de novas restrições e constrangimentos. As críticas mais severas eram dirigidas contra as crianças de setores menos respeitados, sobre os quais uma combinação de novas leis e queixas moralistas pretendia manter o controle e ao mesmo tempo explicar por que a inocência infantil não poderia facilmente ser preservada. Contudo, também os padrões aplicados às crianças da classe média eram exigentes. No final do século xix, o psicólogo vienense Sigmund Freud afirmou basicamente que os novos padrões sociais distorciam os impulsos naturais das crianças e geravam adultos frustrados e até mentalmente doentes. De forma mais geral, o conceito de adolescência pretendia explicar um período problemático sem afastar a idealização da infância. Nem todas essas características eram essenciais para a transição demográfica e a adoção da escolarização, embora parecessem vitais nessa época. Algumas iriam desaparecer no século xx, à medida que o modelo moderno amadurecesse. Muitas haveriam de ser ignoradas ou modificadas por outras sociedades buscando suas próprias transições para a infância moderna – embora o peso da autoridade e a insistência do Ocidente tornassem difícil distinguir o que não era essencial.

Para saber mais

John Gillis, *Youth and History: tradition and change in European age relations, 1770-present* (New York: Academic Press, 1974) e Philip Greven, *Protestant*

Temperament: patterns of childrearing, religious experience and the self in early America (New York: Knopf, 1977) são dos primeiros livros a lidar com mudanças básicas. Veja também Colin Heywood, *Childhood in Nineteenth-Century France: work, health and education among the "classes populaires"* (Cambridge: Cambridge University Press, 1988); Lee Shai Weissbach, *Child Labor Reform in Nineteenth-Century France* (Baton Rouge: Louisiana State University Press, 1989); Joseph Kett, *Rites of Passage: adolescence in America, 1970-present* (New York: Basic, 1977); Stephen Humphries, *Hooligans or Rebels? An oral history of working-class childhood and youth* (Oxford: Oxford University Press, 1981); J. Robert Wegs, *Growing Up Working Class: continuity and change among Viennese youth, 1890-1938* (University Park, PA: Pennsylvania State University Press, 1989); Rachel Fuchs, *Abandoned Children; foundlings and child welfare in nineteenth-century France* (Albany: State University of New York Press, 1984); Peter N. Stearns, *American Cool: creating a twentieth-century emotional style* (New York: New York University Press, 1998); Mary Jo Maynes, *Schooling in Western Europe, a social history* (Albany: State University of New York Press, 1985). Para uma revisão recente, Paula Fass e Mary Ann Mason, eds., *Childhood in América* (New York: New York University Press, 2000). A respeito de mudança demográfica, Ansley Coales e Susan Watkins, eds., *The Decline of Fertility in Europe* (Princeton, NJ: Princeton University Press, 1986); Michael Haines, *Fertility and Occupation: population patterns in industrialization* (New York: Academic Press, 1989); e Wally Seccombe, *Weathering the Storm: working-class families from the industrial revolution to the fertility decline* (London: Verso, 1993), Steven Mintz, *Huck's Raft: a history of American childhood* é um importante estudo (Cambridge, MA: Harvard University Press, 2004).

Lado a lado com o modelo moderno: as pressões do colonialismo

Ao mesmo tempo em que o modelo moderno de infância começava a ser formulado na sociedade ocidental nos séculos XVIII e XIX, um conjunto bem diverso de mudanças afetava as crianças em outras partes do mundo. Essas mudanças nem sempre chamaram a atenção quanto aquelas incluídas na moderna redefinição da infância. No entanto encaminharam-se, dramaticamente, em direções opostas ao modelo moderno, de várias formas, acarretando mais (e não menos) trabalho, registrando amiúde altas taxas de nascimento e seguramente elevados níveis de morte e doenças.

Três processos históricos a partir do século XVI, relacionados entre si e fundamentais para a história mundial, tiveram substancial impacto em muitas crianças. O primeiro consistiu na maciça expansão do tráfico de escravos da África para as Américas e da própria escravidão. O segundo foi o crescimento do colonialismo europeu, particularmente nas Américas. E o terceiro, mais geral, centrou-se no aumento da produção para uma economia comercial mundial em crescimento.

Todos esses processos incidiram sobre as crianças, raramente com alguma benevolência. Alguns efeitos consistiram simplesmente em realçar ou estender características típicas da infância da era agrícola para as classes baixas – o exemplo mais óbvio foi o trabalho pesado das crianças, o que não representava qualquer novidade. Por vezes a atividade tornava-se ainda mais pesada. Houve também outras conseqüências, levando a novos desafios para a infância e a novas humilhações para as próprias crianças.

Este capítulo lança mão de exemplos de mudança em diversos lugares, com foco particular na escravidão na área do Atlântico e no desenvolvimento de novas formas de infância na América Latina, em que as influências européias, africanas e dos próprios índios autóctones se mesclaram para refletir sobre a infância, assim como sobre a civilização de modo geral.

Alguns especialistas em história mundial sustentaram recentemente que a pressão pelo trabalho mais pesado aumentou globalmente do século XVI para o século XIX. O crescimento populacional em muitos lugares requeria mais trabalho para se sustentar. Mercados exportadores em expansão atraíram mercadores e plantadores com o maior interesse em arrancar mais trabalho também. Em decorrência disso, trabalhava-se em idade mais avançada, houve crescente intensidade de produção dos adultos – e maior pressão sobre o trabalho infantil. Essa tese dos especialistas é plausível embora de difícil comprovação em face da ausência de estatísticas confiáveis. Fica claro que sistemas específicos como a escravidão na região do Atlântico mudaram a equação do trabalho infantil e outros. E muitos dos efeitos prosseguiriam até 1900 e em outras regiões até mesmo depois.

Em 1756, Olaudah Equiano, de 11 anos, foi levado como escravo de sua aldeia na Nigéria. Filho mais novo da família, mimado pela mãe, fora treinado em esportes e habilidades militares. Temerosa de eventuais seqüestros, a comunidade costumava destacar alguém para cuidar das crianças enquanto brincavam juntas. Entretanto, aproveitando que os pais de Equiano estavam no campo, dois homens e uma mulher renderam e amarraram o menino e sua irmã. Assustadas e aflitas, as crianças foram separadas pela gangue e, segundo Equiano, "nós logo fomos privados inclusive do pequeno conforto de chorarmos juntos". O menino, junto com vários outros também cativos, cujas línguas ele pouco entendia, foi colocado num navio negreiro, imaginando, entre outras fantasias, que os marinheiros brancos iriam comê-lo. Recusando comida, apanhou até mudar de atitude e por fim foi posto a trabalhar numa plantação em Barbados. Ali assistiu novamente à tragédia das crianças sendo separadas para serem vendidas – "foi muito comovente ver e ouvir seu choro ao partir". "Por que os pais têm de perder seus filhos, o irmão suas irmãs [...]. Com certeza isso é um novo requinte de crueldade que adiciona mais horror à desgraça da escravidão."

Escravidão não era novidade na história mundial, tendo sempre implicado trauma para as crianças. Adolescentes eram muito procurados como escravos pela sua capacidade de trabalho e pelo potencial de reprodução. O novo comércio de escravos e as instituições americanas da escravidão foram, sem dúvida, piores do que a maioria dos sistemas de escravidão tradicionais. Todavia, as sociedades islâmicas, por exemplo, proibiam mães escravas de serem separadas de seus filhos pequenos, e protegiam as mulheres escravizadas que tinham filhos de homens livres. E na maior parte, a escravidão islâmica designava tarefas mais leves para as crianças do que as encontradas na economia da região atlântica. A escravidão americana impingia às crianças transportadas da África, como Equiano, uma cultura mais estranha e distante do que acontecia em geral, embora as gerações seguintes de escravos infantis não tivessem de se haver com tal grau de desenraizamento.

A real experiência da escravidão americana tinha dois componentes: primeiro, algumas características padronizadas de infância da classe baixa um tanto intensificadas e segundo, algumas dificuldades decididamente não familiares. A maior parte dos pais africanos insistia na obediência dos filhos, preservando muitos costumes africanos, inclusive, durante décadas, o de dar aos filhos nome de outros parentes. Um observador branco notou que "A coisa mais rara de ouvir são palavras desrespeitosas de uma criança aos seus pais". Escravos mais velhos geralmente cuidavam das crianças enquanto os pais trabalhavam, e isso também era um arranjo não familiar. E havia o próprio trabalho: crianças escravas deveriam começar a trabalhar muito cedo – "assim que começavam a andar" como disse um escravo em suas memórias. Crianças pequenas juntavam lenha para a fogueira, crianças ao redor dos 10 anos trabalhavam nos campos. Algumas, principalmente meninos, aprendiam habilidades artesanais. Mas sempre havia algum tempo para brincadeiras e para a folia comunitária.

As características mais cruéis da escravidão implicavam a possibilidade de separação da família pela venda – da própria criança ou de um dos pais. Proprietários de escravos encaravam as crianças explicitamente como mercadoria valendo dinheiro – "O garoto mais velho vale 1,25 dólar em moeda, e eu posso conseguir vendê-lo". O medo da separação era ainda mais comum do que o fato em si, embora, quando o tráfico escravagista pelo Atlântico foi abolido, em 1808, as vendas de jovens escravos dos estados litorâneos para o extremo sul e o oeste dos Estados Unidos tenham aumentado consideravelmente. Havia também a postura humilhante das crianças frente aos brancos. Podiam brincar, quando pequenos, com as crianças brancas, mas logo os brancos aprendiam que eram melhores do que elas, exigindo obediência ao "sinhozinho e à sinhazinha". Os brancos costumavam fazer referência à aparência suja e maltrapilha da meninada escrava, resultante da miséria e do trabalho. Punições severas eram com freqüência impingidas às crianças que saíssem da linha. Um proprietário falou em vender uma garota "desobediente", "um caráter muito perigoso". Chicotear era comum. Pais escravos davam duro para conseguir que as crianças acatassem as regras. Os meninos eram ensinados a "dobrar o corpo e abaixar a cabeça, o resto do corpo apoiado no pé esquerdo, arrastando o pé direito para trás, murmurando 'como vai sinhozinho e sinhazinha'". Mesmo proprietários brancos que viam os negros com alguma simpatia, enxergando-os como crianças, irritantes mas adoráveis independente da idade, tinham uma atitude autoritária que suas próprias crianças não podiam deixar de imitar. Por fim, havia as recusas comuns: a maior parte dos proprietários de escravos se opunha a qualquer aprendizagem das crianças escravas. Isso acontecia ao mesmo tempo em que outros setores da sociedade enfatizavam de forma crescente a escolarização, e numa condição em que muitos escravos (como Equiano) provinham de famílias africanas que promoviam certo tipo de educação. Crueldade, humilhação e privação relativa combinaram-se para criar uma infância diferente nas Américas, vivida por um número enorme de pessoas. Por volta de 1859, 56% de todos os escravos dos Estados Unidos tinham menos de 20 anos. Sua infância ficaria impregnada pelo tratamento recebido, assim como as crianças negras das gerações subseqüentes, mesmo depois da emancipação.

Uma variedade de novas migrações ocorreu do século XVII ao XIX, e embora a experiência de migração certamente não fosse nova os padrões modernos tiveram diversas implicações para as crianças. Alguns adolescentes migravam por conta própria, embora o mais das vezes houvesse suporte familiar no envio ou no recebimento. Quando viajavam acompanhados da família, as crianças acabavam fazendo uma mediação entre seus pais e o novo ambiente. Uma das razões, para usar um exemplo óbvio, é que as crianças aprendiam a nova língua com muito mais facilidade que seus pais. Desse modo, sendo intermediários, essas crianças tiveram novas oportunidades, mas também criaram muita tensão com os padrões de comportamento dos pais e tiveram muitos problemas de identidade.

Grande número de crianças foi impelido a migrar em condições de nenhuma liberdade. Durante os séculos XVIII e XIX, muitas instituições beneficentes na Europa enviaram crianças para as colônias, porque não havia suporte suficiente em casa. Contratos de aprendizagem levaram muitos asiáticos no final do século XIX a lugares como Havaí ou Índias Ocidentais, à medida que aparecia trabalho nessas novas áreas. Havia também adultos, mas a participação de crianças era vital, obedecidos os pressupostos da sociedade agrícola, em que o trabalho infantil era normal. E, ainda que esses contratos de aprendizagem que envolviam crianças em princípio fossem negociados – pelos pais ou pelo orfanato e não pelas próprias crianças –, algumas crianças acabavam efetivamente sendo vendidas como trabalhador imigrante.

Outros tipos de migração podiam causar impacto. Europeus, viajando para o exterior não raramente tinham filhos com mulheres locais, a quem em geral abandonavam quando de volta para casa. No Canadá, a Hudson's Bay Company ofereceu uma pequena remuneração pelas crianças que fossem deixadas para trás. (O repúdio às crianças nativas ilegítimas era comum em países protestantes, particularmente na Grã-Bretanha. A situação em países católicos como a França e a Espanha era mais complicada.) O número desproporcional de homens migrantes (incluindo os que eram forçados a migrar) fez crescer a incidência de famílias chefiadas por mulheres na Europa e na África. Quando a mãe migrava junto com o pai, os filhos podiam ser deixados para trás com parentes mulheres.

O impacto da migração – entre os próprios migrantes e nas sociedades que os recebiam – poderia se associar com os amplos efeitos do colonialismo europeu, como demonstrou abundantemente a experiência latino-americana. Na mesma medida em que os espanhóis e portugueses colonizaram a América Latina do final do século xv em diante, afetaram a infância de várias formas. Havia muito trabalho o que levou a se utilizar intensamente crianças como mão-de-obra – outra vez um padrão tomado de empréstimo das sociedades agrícolas, desta vez com mais intensidade. No tratamento com os nativos incluía-se a idéia de que reformas na infância eram necessárias a fim de que a colônia se adequasse aos níveis civilizados, segundo determinação dos conquistadores. Uniões entre europeus e locais, não raramente involuntárias, geravam uma cultura em que um grande número de crianças eram, pelo menos tecnicamente, ilegítimas, demandando desse modo um conjunto de mecanismos sociais que permitissem ser utilizadas e cuidadas. Os resultados, entretanto, poderiam confrontar-se com a desaprovação oficial de membros da elite colonial.

As necessidades de trabalho eram evidentes e incluíam o uso de crianças escravas nas plantações de açúcar brasileiras e nas Índias Ocidentais. Muitos filhos de índios foram levados, junto com os pais, a trabalharem nas plantações latino-americanas, particularmente em *encomiendas*, em que o trabalho forçado era particularmente amplo. O trabalho fazia parte da infância na América antes da chegada dos europeus, mas o trabalho compulsório foi um componente adicionado pelos europeus.

Em virtude de astecas e incas terem operado por longo tempo em economias agrícolas, sua visão da infância na verdade não se diferenciou muito da européia. Eles também, por exemplo, enfatizavam não só o trabalho mas a obediência. Os astecas possuíam uma gama de punições para crianças a partir de 8 anos, incluindo tapas e, no extremo, exposição à fumaça de pimenta malagueta (que produzia o mesmo efeito de um *spray* de pimenta, podendo até matar uma criança). Faziam também bastante distinção de gênero. Apesar de coincidirem

---

*   N. T.: *Repartimientos y encomiendas*: sistema pelo qual a Coroa espanhola recompensava os colonizadores, outorgando-lhes a propriedade dos habitantes indígenas do lugar que exploravam.

no tratamento, os europeus zombavam dos costumes dos nativos. Amiúde discordavam do comportamento das crianças indígenas e interferiram no costume de as crianças colocarem as obrigações com toda a comunidade à frente das obrigações familiares. Líderes europeus, missionários à frente, envidaram esforços a fim de suspender algumas práticas tradicionais como o uso de crianças em sacrifícios religiosos. Interferiram também nas práticas locais, impondo educação de base missionária sobre um pequeno número de crianças.

Notadamente, a experiência colonial na América Latina criou índices muito altos de ilegitimidade e isso se tornou uma característica permanente da infância nessa sociedade. As altas taxas de ilegitimidade evoluíram no período colonial por várias razões. A mais óbvia é que muitos homens europeus tinham contato sexual com mulheres locais e raramente reconheciam oficialmente o filho que resultava da união. Porém as atividades sexuais nas classes baixas – um mestiço, por exemplo, resultante das relações com uma parceira indígena ou africana – ocorriam com freqüência sem a formalidade do casamento. Em decorrência, era grande o número de crianças ilegítimas e famílias chefiadas por mulheres. A percentagem de nascimentos ilegítimos era considerável. Numa paróquia de São Paulo, Brasil, nos anos 1740, 23% das crianças eram ilegítimas, principalmente como resultado de atividade sexual entre diferentes grupos raciais. No século XIX as percentagens ascenderam a 30% e até 50%.

As conseqüências para as próprias crianças variaram amplamente. Alguns pais mantinham contatos afetuosos com os filhos ainda que não os reconhecessem oficialmente. Um colono chegou a especificar em testamento que um filho ilegítimo deveria receber "um dossel da cama em que eu durmo e... quatro camisas minhas e quatro calças brancas" – o que se constituía num verdadeiro gesto de afeição pessoal. Outros pais ignoravam as crianças totalmente. Mães criando sozinhas os filhos recebiam grande ajuda de outras famílias, algumas das quais assumiam as crianças diretamente. Era comum a confiança em amas-de-leite (exceto, interessante notar, nas classes altas, em cujo meio, em contraposição com o que acontecia com mães européias, se esperava que as mães cuidassem dos filhos diretamente). Um imenso número de crianças na América Latina "circulava" – ou seja, iam para famílias sem filhos ou que tivessem necessidade de ajuda no trabalho, e essa ajuda fosse muito importante. O trabalho era o componente-chave. Vinha às vezes acompanhado de disciplina extremamente rigorosa, havendo casos de enorme crueldade. Contudo, muitos adultos tratavam as crianças trabalhadoras com gentileza, chegando a incorporá-las nas relações familiares e lembrando delas em seus testamentos. Por ironia, as leis da América Latina não permitiam adoção legal (essa situação só mudou mais tarde, no século xx), embora de fato isso ocorresse com freqüência. Numa cidade chilena, 17% das crianças, por volta de 1880, moravam em casas com adultos que não eram seus pais. Grandes orfanatos suplementavam esse sistema de circulação de crianças, pegando reiteradamente bebês a fim de serem alimentados por amas-de-leite, para aos 5, 6 anos alocarem-nos para trabalhar em outras famílias. Algum tempo depois da abolição da escravatura, agricultores brasileiros valeram-se do trabalho de órfãos num sistema bastante semelhante ao da escravidão.

As elites e as classes médias da América Latina desaprovavam radicalmente o que se passava com a infância da classe baixa (embora os homens das classes altas tivessem com freqüência filhos com empregadas ou com mulheres da classe baixa). Para essas pessoas, a criação dos filhos deveria se dar em famílias convencionais constituídas de pai e mãe. Dessa maneira, alguns registros se referem à ilegitimidade como "infame" deixando uma "marca indecente e vergonhosa." Família com pai e mãe eram essenciais para ter crianças que seriam "mais educadas, respeitosas e aplicadas no trabalho." O ultraje aumentou a partir do século xix, à medida que os padrões europeus foram sendo adotados como signo vital de civilização. Os políticos chilenos em 1928 louvavam a Europa por sua vida em família, em contraposição com as classes baixas de seu país: "onde reina a ilegitimidade, populações estão mais perto de um estado primitivo [...] e o atraso predomina". Havia preocupação particular com a saúde, na presunção de que as crianças de classe baixa "transmitem infecções que devastam a população".

As classes altas e os governos latino-americanos caminhavam claramente, no final do século xix, em direção ao modelo moderno, pelo menos para suas próprias famílias e em suas cabeças. A escolarização avançava. As leis traziam determinações específicas para infratores juvenis. Alguns programas tentavam combater as altas taxas de mortalidade infantil e o infanticídio. No entanto, as tradições e condições, que produziam um tipo diferente de infância voltada ao trabalho em uma estrutura de família flutuante embora geralmente bastante efetiva, não regrediram. A herança colonial da América Latina produziu uma série bifurcada de infâncias, cada qual funcionando a sua maneira, uma caminhando para a modernidade de estilo europeu, a outra baseada essencialmente em padrões agrícolas, mas com algum viés especial introduzido pelo próprio colonialismo. O padrão continua inspirando muitos países latino-americanos até hoje.

Nem todo o colonialismo repercutiu a experiência latino-americana. Entretanto, a atitude do colonizador em relação às crianças nativas e estas como particularmente problemáticas, sempre esteve de alguma forma presente. As relações sexuais dos europeus criavam novas categorias de crianças – embora não necessariamente do mesmo nível de ilegitimidade. Sempre houve empenho em manter o trabalho infantil e mesmo em assegurar que as crianças estivessem disponíveis para trabalhar para senhores coloniais, como empregados domésticos e trabalhadores rurais. Algum tipo de tensão se desenvolveu, por volta de 1900, entre os esforços para introduzir novas instituições para crianças, como escolas – tanto por reformistas europeus quanto locais –, e as reais condições da maioria.

Desdobramentos resultantes da escravidão, colonialismo e as novas relações econômicas estimularam novas formas de trabalho infantil e novas atitudes com relação a certos tipos de crianças. Os desdobramentos ocorreram junto com a emergência do modelo moderno e consistiram em fonte crucial de divisões dentro de sociedades específicas como a latino-americana e também no mundo em geral. Ambos os padrões foram importantes, mas o fato de serem irreconciliáveis era mais importante ainda. A sociedade mundial está ainda, no alvorecer do século XXI, lidando com as suas conseqüências.

O colonialismo e a escravidão não eram as únicas forças a dar forma à infância fora do Ocidente, desde o início da era moderna até século XIX. A infância na China, embora variasse e apresentasse algumas mudanças, continuou a refletir muitos dos padrões estabelecidos nos períodos clássico e pós-clássico, o que obviamente contrastava de muitas maneiras com o modelo moderno. O que mais chamava a atenção era a ênfase persistente na obediência e no trabalho pesado. Com efeito, as obrigações de trabalhar podem ter aumentado no período de 1600-1900, à medida que a China passou a ser mais urbana, dando maior ênfase na capacitação para o trabalho produtivo. Isso se ligava a padrões de outras partes do mundo. Ainda que muitas crianças garantissem algum espaço para si e mesmo que os pais variassem no grau de severidade, muitas famílias estabeleciam consideráveis restrições às crianças, chegando a proibi-las de brincar, em função do emprego ou da escolarização rigorosa. Uma disciplina física rígida era habitual. As crianças consideradas modelo eram as que apresentavam as qualidades do adulto. Uma era louvada como "tendo uma seriedade parecida ao de um adulto" enquanto outra, que acabou se tornando intelectual de sucesso, era descrita como tendo "nascido com uma aparência séria e solene, nunca tomando parte em brincadeiras". Indícios de mudança surgiram no final do século xix. O governo passou a levar em conta novas modalidades de escolarização, enviando alguns jovens e jovens adultos para o exterior. Os missionários também trouxeram mudanças, incluindo novos estímulos para suspender o costume de enfaixar os pés das meninas. Alguns adultos começaram a ter prazer inusitado em ensinar novas e imaginativas idéias para as crianças, como um tio que gostava de estimular o pensamento criativo em suas sobrinhas quando as visitava. Contudo, a exemplo da América Latina, os imperativos básicos da infância em sociedades agrícolas ainda predominavam, modificados principalmente pelo aumento das exigências do trabalho.

Para saber mais

Ernest Bartell e Alejandro O'Donnell, eds., *The Child in Latin America* (Notre Dame, IN: Notre Dame University Press, 2001) (contemporâneo em termos de foco, mas com referências históricas); Tobias Hecht, ed., *Minor Omissions: children in Latin American history and society* (Madison: University of Wisconsin Press, 2002).

Dirk Hoerder, *Cultures in Contact: world migrations in the second millennium* (Durham, NC: Duke University Press, 2002); Wilma King, *Stolen Childhood: slave youth in nineteenth-century America* (Bloomington: Indiana University Press, 1991).

Ping-chen Hsiung, *A Tender Voyage: children and childhood in late imperial China* (Stanford, CA: Stanford University Press, 2005).

Infância moderna na Ásia:
o Japão adapta o novo modelo

Em 1984, o governo japonês encomendou uma pesquisa sobre o declínio do uso de pausinhos para comer entre as crianças de escola. A preferência por garfo e faca havia crescido rapidamente entre as crianças, que queriam comer mais depressa e mais afinadas com os padrões internacionais. O governo esperava estimular a tradição na configuração de uma infância que fosse ao mesmo tempo moderna e japonesa. Isso não é um dado histórico e sim um interessante comentário sobre mudança e movimento de contrapressão em uma das sociedades mais dinâmicas da história mundial moderna.

O rápido ajuste do Japão às pressões sem precedentes do Ocidente, de 1860 em diante, foi um acontecimento surpreendente no cenário mundial. Esquadras americanas e britânicas atacaram Edo Bay em 1853 e 1854, exigindo que o Japão suspendesse seu isolamento e se abrisse para o comércio com o Ocidente. Seguiu-se uma década de lutas, com mais interferências do Ocidente, à medida que os líderes japoneses discutiam como reagir, por vezes chegando à guerra civil. Mas em 1868, a decisão estava tomada: reformas massivas foi a resposta. Essa é uma história sobejamente conhecida e importante. Falta acrescentar em que medida uma grande redefinição de infância constituiu parte fundamental do processo.

Os reformadores japoneses compreenderam de imediato a essência do modelo moderno, escolarização à testa, ao visitarem a Europa Ocidental e os Estados Unidos. Estavam preparados para tanto em certo sentido, porque o Japão tinha expandido a escola confuciana e budista rapidamente no início do século XIX e sua taxa de alfabetização só perdia para a do Ocidente. Mais de 30 mil escolas particulares foram criadas entre 1800 e 1868, levando a educação primária para um número significativo de crianças do povo. A conversão para a educação de massa e o renovado compromisso do governo para com essa expansão constituíam uma reviravolta enorme, tendo trazido em sua esteira um surpreendente número de mudanças adicionais. O caso japonês mostra quantas ramificações poderiam se acrescentar ao modelo moderno, pelo menos enquanto se tomava emprestado do Ocidente esse modelo, por vezes ansiosamente.

A infância japonesa não se tornou ocidental. Os líderes se esforçaram por erigir um genuíno modelo moderno que retivesse valores japoneses característicos de infância, nos moldes tradicionais ou valendo-se de novas invenções como uma versão particular de nacionalismo. O caso japonês, típico a seu modo, é uma prevenção extremamente instrutiva contra uma aplicação simplista do pensamento da modernização.

Finalmente, em princípios dos anos 1920 e mais ainda depois da Segunda Guerra Mundial, o Japão se mostrou capaz de influenciar a infância em outras partes do mundo, em especial mediante a exportação de bens de consumo. Sua rapidez em aproveitar oportunidades para vender a crianças é uma parte fascinante na história de sua adequação e acabou se tornando um elemento significativo na globalização da infância. A mudança promovida pelo Japão tornou mais complexo o retrato da história mundial moderna da infância, antes traduzida em termos estritamente ocidentais.

A infância vinha se transformando no Japão mesmo antes da adoção do modelo moderno. A escolarização se estendeu para uma expressiva minoria de crianças, esmagadoramente meninos, no início do século XIX. Escolas confucionistas e budistas privadas ganharam crescente popularidade. Essa evolução ajudou sem dúvida a preparar uma ampla conversão do Japão para uma infância baseada em educação, com a Era da Reforma iniciada em 1868. Em outros aspectos, porém, as condições da sociedade agrícola prevaleceram largamente. Grande parte das crianças trabalhava desde a mais tenra idade. Um conceito amplo de infância como estágio característico da vida não tinha evoluído, evidenciado pelo exemplo da promiscuidade de crianças e adultos nas punições criminais. Princípios dominantes do confucionismo enfatizavam a hierarquia e a disciplina.

Discussões sobre a reforma escolar esquentaram nos anos 1860. Missões do governo ao exterior trouxeram de volta informações sobre os méritos da educação ocidental. Muitos dos emissários acabaram montando o futuro Ministério da Educação. Foi dada atenção especial à necessidade de introduzir mais ciência e quebrar o hábito confuciano de recorrer à tradição em vez da inovação como fonte de conhecimento. Havia muita cautela embutida nessas discussões pois quase ninguém defendia uma ocidentalização integral: em 1868, um líder afirmou que a "aprendizagem estrangeira precisa servir aos interesses do Japão".

Com a formação do Ministério, em 1871, e a apresentação de um novo e ambicioso Código de Educação no ano seguinte, muitas transformações importantes ganharam destaque. Em primeiro lugar, havia uma renovada atenção à ciência, às línguas estrangeiras modernas (particularmente o inglês) e outras matérias novas. Mesmo em famílias em que a escolarização já estava estabelecida, isso significava que as crianças aprendiam muitas coisas que os pais não sabiam e passavam a ignorar assuntos que os pais veneravam, situação curiosa numa sociedade em que a hierarquia etária era muito valorizada. Uma penca de livros e conselheiros estrangeiros se incorporaram ao sistema, particularmente durante os anos 1870. Em segundo lugar, a educação em todos os níveis se abria para qualificar os cidadãos sem distinção de nível social – "a aprendizagem não deve mais ser considerada como exclusividade das classes altas". E em terceiro lugar, e mais importante para a infância japonesa em geral, a escola primária universal se tornou obrigatória, levando à abertura de 54 mil escolas primárias sob controle governamental. Surpreendentemente, no início do processo de reforma, e com alcance dramático, é apresentada a essência da infância moderna, com a insistência de que a escolarização deveria se tornar a obrigação fundamental da infância. Os líderes da reforma sustentavam explicitamente que "sendo as pessoas comuns pobres e iletradas, a riqueza e o poder de todo o país acabam sendo prejudicados". Evidentemente, objetivos sociais mais amplos, não só atenção explícita à infância, predominavam nessa mudança, mas isso em certa medida já tinha acontecido algum tempo antes no Ocidente sem que se modificasse o impacto maciço da escolarização sobre a infância através do espectro social.

Foi de importância vital que essas medidas envolvessem tanto meninas como meninos, uma inovação notável numa sociedade marcada pela diferença de gênero, e uma mudança significativa para a infância. A atenção na educação feminina decorria do desejo de imitar o Ocidente, em que pelo menos a educação básica para meninas ganhava terreno rapidamente. Havia a crença de que, numa sociedade moderna, as mães precisavam ser educadas adequadamente para criar seus filhos. Em outras palavras, mesmo que os interesses básicos ainda envolvessem treinamento de meninos, a necessidade de mães alfabetizadas parecia inevitável.

Como era de se esperar, a verdadeira mudança provou-se mais lenta e hesitante do que anteriores proclamações prometiam. Apenas metade das escolas primárias necessárias tinham sido criadas por volta de 1900, numa sociedade que ainda era muito pobre. E mais interessante ainda, embora nada surpreendente em se tratando de um ambicioso movimento de mudança, houve uma considerável resistência popular. Muitos camponeses acreditavam que as escolas eram nada mais que um canal de recrutamento militar, e se rebelaram, em alguns casos literalmente, contra essa extensão do controle governamental sobre a infância. Levou algum tempo para que os camponeses japoneses percebessem, como seus colegas do Ocidente, que havia vantagens práticas em deixar as crianças adquirirem alfabetização básica e habilidades com os números, que incluíam oportunidades para ascender socialmente – vindo a se tornar, por exemplo, professor. Também houve certa reação contra uma excessiva abertura para as meninas e no final dos anos 1870 um enfoque maior em habilidades domésticas, como o corte e costura, ajudou a reafirmar as diferenças de gênero durante a infância, mesmo com novos níveis de escolaridade.

Por volta de 1900, a despeito de várias restrições, todas as crianças japonesas freqüentavam escolas primárias (algumas vezes lotadas) e eram alfabetizadas, o que se constituía uma reorientação em massa da infância. O Japão também estava promovendo um ano letivo excepcionalmente longo, de 200 dias de aulas, indicação clara da seriedade dessa redefinição, que afastava a infância do trabalho, e memorável numa sociedade com recursos limitados. A mudança atingiu menos a adolescência nesse momento. Certa quantidade de crianças, ainda que em idade de ensino primário, continuou trabalhando pelo menos meio período, formando 15% da força de trabalho das fábricas. As anormalidades se incrementavam após os 12 anos. Na verdade, a educação secundária e universitária se expandiu, com poucas oportunidades para as mulheres, e a preocupação era identificar as crianças talentosas que pudessem ser habilitadas para especializações técnicas que uma sociedade em processo de industrialização requeria – em áreas (para meninos) como engenharia, que cresceu rapidamente. Para a maioria dos adolescentes, o trabalho continuaria a preencher sua vida por várias décadas. Com efeito, a presença de trabalhadores jovens, particularmente mulheres, tornou-se central no processo de industrialização japonês. Precisando exportar a preços baixos para bancar caros equipamentos e combustíveis importados e não dispondo de matéria-prima significativa para exportar, o Japão expandiu rapidamente a produção de tecidos de seda, tomando a liderança mundial da China. Fábricas insalubres, baseadas em métodos manuais, recrutavam avidamente jovens meninas do interior, muitas vezes comprando-as, na prática, da família. Disso resultavam longas horas de trabalho, sem liberdade de deixar o local de trabalho, baixa remuneração, representando mudança, mas não na direção de uma redefinição fundamental da fase final da infância. Por volta de 1930, no entanto, o número de crianças na escola secundária crescia celeremente.

 A longo prazo, o ajuste mais significativo no processo de mudança japonês para o modelo moderno de infância encerrou uma tentativa bem-sucedida de introduzir princípios na escolarização que difeririam daqueles que os japoneses tinham visto no Ocidente, enfatizando em particular as lealdades coletivas e obediência nas crianças, em contraste com os hábitos mais individualistas da Europa e dos Estados Unidos. (As autoridades ocidentais tentaram limitar o individualismo, ressaltando a lealdade nacional, porém dando mais destaque na realização individual e menos na associação a grupos na sala de aula.) Um pronunciamento conservador do Imperador em 1879 reagiu contra a demasiada influência do Ocidente. Um memorando dirigido aos professores insistia que "a lealdade à Casa Imperial, o amor à pátria, a devoção filial para com os pais, respeito aos superiores, fé nos amigos [...] constituía o grande caminho da moralidade humana". As escolas secundárias, da mesma forma, foram instadas a recuperar "as virtudes da lealdade, devoção filial, honra e dever, que haviam sido cultivadas por vários séculos". O respeito à ciência e ao conhecimento do novo era importante na área técnica, contudo deveria ser contrabalançado pela moralidade tradicional. Para as meninas, era dado realce a uma educação de gênero específica, no sentido de ela se tornar uma "boa esposa e mãe consciente", e isso era pregado também para as meninas da classe alta em escolas de nível mais alto – mesmo quando as oportunidades, além do primário, se multiplicaram. Mesmo em ciências, pelo menos nas primeiras séries, o Japão continuou a sublinhar o aprendizado repetitivo, imitando o professor, ao mesmo tempo que abraçava uma escolaridade mais geral num labirinto esmerado de regras e códigos de conduta. Aqui também o Japão continuou a gerar uma cultura entre as crianças que, embora não menos moderna que a do Ocidente, se mostrava genuinamente diferente. Conferiu importante estímulo para a formação de vínculos entre os alunos, promovendo a coesão grupal. No final do século xx, essa qualidade continuava distinguindo a educação japonesa nas primeiras séries, precedendo a obediência aos adultos. Essa mesma ênfase ao grupo estimulou os professores japoneses a usar bastante a vergonha como tática disciplinar, ainda que seu uso tenha declinado no Ocidente e em particular nos Estados Unidos pela preocupação com a auto-estima das crianças. No início do século xxi, os alunos com deficiência em matemática eram identificados abertamente na sala de aula – uma prática que já se tornara ilegal nos Estados Unidos no sentido de proteger a privacidade. Apesar dos empecilhos, a visão japonesa foi mais bem-sucedida em estimular a performance acadêmica.

Por suas qualidades – antigas e novas –, a educação se tornou mais importante na sociedade japonesa do que no Ocidente, em termos de definir o acesso para as carreiras posteriores. Como na Europa Ocidental, e em contraste com os Estados Unidos, o sistema japonês investiu em exames de qualificação, que deveriam abrir o caminho das universidades para a minoria dos alunos mais bem-sucedidos. Pais que aspiravam ao sucesso dos filhos somaram às suas responsabilidades para com a infância a necessidade de trabalhar pesado para promover realizações acadêmicas, inclusive o oferecimento de oportunidades de lazer e relaxamento em meio à seriedade e intensidade da preparação para os exames.

A educação trouxe mudanças adicionais em sua esteira, muitas das quais, surpreendentemente, aproximaram o Japão da versão moderna da infância. Duas das mudanças eram previsíveis. As taxas de natalidade começaram a cair rapidamente durante o século XIX, em virtude de a família depender menos do trabalho dos filhos mais jovens e do aumento dos custos de cada criança, inclusive sua preparação para a escola. Esse padrão começou a vir à tona juntamente com a expansão das escolas mesmo antes de 1868, tendo o ritmo sido acelerado a partir dessa data. As taxas de natalidade, embora decrescentes, continuaram mais altas que no Ocidente até os anos 1930. Após 1950, o Japão mudou ainda mais rapidamente, registrando 2,7 crianças por mulher em 1950 e 1,4 em 1995, bem abaixo dos níveis necessários para manter o nível demográfico. O programa de saúde do governo, que o Japão também copiou do Ocidente, ajudou rapidamente a baixar a mortalidade infantil. Por volta de 1920, a mortalidade infantil tinha caído para 16%, e para 10% em 1939. O nível alcançado pelo Ocidente por volta de 1920, de 5%, o Japão atingiu em 1950. O decréscimo prosseguiu, chegando a um dos índices mais baixos do mundo – 0.04 %, por volta de 1995. Essas mudanças bastante rápidas na demografia infantil, como ocorrera antes no Ocidente, tornaram a criança individualmente uma "*commodity*" mais preciosa no seio da família.

Seguiram-se outros ajustes. O Japão não tinha uma definição clara de infância como fase distinta da vida do homem ou da sociedade antes do final do século XIX. Havia uma cadeia escolar pré-moderna extensa, mas isso era concebido como um sistema, não uma definição separada de infância. Além das próprias escolas particulares, não havia instituições independentes nem instituições públicas destinadas exclusivamente a crianças – infratores juvenis eram misturados com adultos, por exemplo, na população carcerária. Mesmo quando das reformas escolares, os líderes do governo raramente mencionavam as crianças diretamente – os objetivos nacionais estavam em primeiro lugar. Mas as implicações de uma infância voltada à escolarização, somadas ao contato maior com o Ocidente, começaram a gerar uma visão mais clara da infância.

No começo de 1874, um reformador, Mitsukuri Shuhei, comentava a necessidade de se proteger crianças pequenas como parte da preparação para a educação de sucesso, assemelhando-se notavelmente aos pioneiros desse processo no Ocidente:

> Da primeira infância até a idade de 6 ou 7 anos, a mente infantil é límpida e sem o menor defeito, enquanto o caráter da criança é tão puro e não adulterado, quanto uma pérola perfeita. O que toca seus olhos e ouvidos, de bom ou de mau, deixa uma impressão profunda que não será varrida até a morte. Portanto essa idade proporciona a melhor oportunidade de disciplinar sua natureza e treinar sua conduta. A criança aprenderá e se tornará virtuosa se os métodos de treinamento forem apropriados, se tornará estúpida e intolerante se os métodos forem ruins.

Idéias semelhantes alentaram reformadores a afirmar que os pais tinham uma responsabilidade especial de cuidar e instruir seus filhos inocentes – mas que a maior parte deles, pelo menos em função do tradicionalismo japonês – não sabia fazer isso adequadamente. Professores e especialistas em crianças passaram a ser essenciais não só para educar, mas também para promover o cuidado adequado das crianças de modo geral. Assim como no Ocidente, e em parte pelo exemplo do Ocidente, manuais de educação infantil e livros de ajuda começaram a proliferar. As novas idéias ganharam força à medida que o Japão se urbanizava rapidamente, afastando muitos pais das estruturas da família ampliada que tinha anteriormente ajudado a cuidar das crianças nas aldeias. Freqüentemente, tanto o marido quanto a mulher tinham de trabalhar fora, necessitando de ajuda para cuidar da criança. Preocupações com crianças soltas, caminhando sem destino pela cidade e vivendo independentes promoveram novas idéias de planejamento e respeito de cuidados com os jovens. A infância se tornou progressivamente um tema de debate na imprensa popular, assim como na literatura especializada. Uma série de novos periódicos, como *A Revista da Família*, buscou divulgar novas idéias sobre as crianças, recomendando cuidados especiais e defendendo a crença moderna de enxergar a "criança como tesouro" e não como problema.

Muitos reformadores se preocuparam com os pobres, que tantas vezes careciam de meios para pagar por uma atenção adequada aos seus amados filhos. Esse sentimento ajudou a instalar as primeiras creches no Japão, muitas dirigidas por missionários cristãos. Por volta de 1912, havia 15 creches nacionais, principalmente nas cidades maiores, mas por volta de 1926 o número tinha subido para 273. Os centros ofereciam não só cuidado físico, como também conselhos aos familiares sobre como cuidar da saúde das crianças, além de fornecer apoio psicológico. Empregados das creches muitas vezes levavam a família toda em excursões a parques, por exemplo, tentando mostrar que havia "alegria sem limites, quando a família inteira estava junto".

Outro conjunto de evoluções que brotou da nítida preocupação com as crianças e do exemplo ocidental foi a criação de cortes especiais para a juventude e reformatórios para infratores, separando as crianças do contato indiferenciado com adultos. O governo designou na legislação de 1900 um reformatório para cada distrito. Outra lei, em 1911, baniu o emprego de crianças com menos de 12 anos nas fábricas, uma medida crucial que ocorreu no processo de industrialização japonês bem mais cedo do que no da maior parte dos países ocidentais. Outra proteção para as crianças foi a proibição de fumar, que vigorou por várias décadas. O governo e as agências privadas impulsionaram a criação de orfanatos, creches, clínicas pediátricas, conselho vocacional para os jovens. Por volta de 1920, programas para as crianças consumiam 60% do orçamento do Ministério do Interior. Para a classe média, essa mesma predisposição estimulou uma crescente linha de brinquedos destinados a "liberar a criança para explorar livremente seus próprios interesses e curiosidades", ao mesmo tempo em que um movimento de parque de diversões criava novos espaços públicos para crianças. Um parque de diversões criado por psicólogos infantis em 1917 incluiu um zoológico, piscina, horta, gangorras e escorregadores e um ringue de sumô.

Por volta de 1920, juntaram-se as novas idéias sobre as crianças e algumas oportunidades econômicas globais, e o Japão começou a se tornar, de fato, um importante exportador de brinquedos. Os japoneses tinham importado brinquedos da Europa durante os estágios iniciais da reforma, todavia com as manufaturas do Ocidente entretidas pela Primeira Guerra Mundial, a chance de participar no mercado mundial se tornou evidente. As exportações de brinquedos japoneses triplicaram durante a guerra e triplicaram novamente em 1920. A concorrência européia recuperou-se, pressionando a indústria japonesa a inovar. Quanto aos reformadores, solicitavam com insistência o exercício da imaginação, tentando compensar uma presumível tendência nacional de apenas copiar e aprender maquinalmente. Uma empresa que se encaminhava nessa direção era a Nintendo, fundada em 1889. Um ponto de destaque da visão japonesa, diferente dos fabricantes de brinquedos da Europa Ocidental e mais assemelhada aos esforços inovadores dos Estados Unidos, consistia numa disposição consciente de lidar com as crianças como crianças, e não como miniatura de adultos. Os brinquedos europeus, como os modelos de soldados, eram bem-feitos, populares e influentes, mas orientados para preparar para as atividades adultas, inclusive a guerra. O Japão, de 1920 em diante, aproximou-se dos consumidores infantis diretamente, apelando para sua fantasia. Um popular livro de histórias em quadrinho, *As aventuras de Sei-Chan,* levou em 1924 a produtos subsidiários, entre eles jogos de cartas e chapéus. Os quadrinhos também lançaram bonecas. Alguns brinquedos apareciam envoltos em narrativas de fantasia, nada a ver com as expectativas dos adultos. Esse tema foi retomado pela manufatura de brinquedos japonesa depois da Segunda Guerra Mundial, levando a nação a uma posição dominante no mercado global exportador, definindo até o gosto infantil. O Japão manteve com facilidade essa posição, ao lado dos Estados Unidos, como líder do desenho imaginativo (alguns diriam aproveitador) de brinquedos e produtos para crianças, mesmo quando a manufatura se mudou para centros de trabalho mais baratos como a China.

Na questão da infância, como em muitos outros temas, o dramático processo de mudança japonês exige análises razoavelmente sutis. A mudança se mostrara fundamental e japoneses de todas as classes haviam se movimentado, em pouquíssimas décadas – muito mais rapidamente do que o Ocidente –, para organizar uma infância escolarizada e saudável e taxa de natalidade declinante. Vimos que por volta de 1950, com a presença mais explícita do governo, a taxa de natalidade japonesa caiu a níveis ocidentais, embora com maior dependência do aborto que no Ocidente. Igualmente importante foi o fato da instalação da modernidade na infância, a exemplo do Ocidente, encorajando uma ampla exposição de reconceitualização da infância, levando a uma série de novas instituições e práticas. Assimilando características do Ocidente, o Japão se tornou capaz de influenciar povos além de suas fronteiras. E as mudanças não criaram um tipo de infância totalmente ocidental: as qualidades buscadas e promovidas nas crianças mantiveram valores diferenciados.

É também importante notar que, em parte como resultado da imitação diferenciada e em parte devido a impulsos próprios do Japão, alguns aspectos da infância japonesa se aproximaram dos Estados Unidos, e outros da Europa Ocidental. Os sistemas educacionais e de avaliação, com ênfase nos rígidos padrões acadêmicos pré-universitários e de acompanhamento cuidadoso, eram bastante semelhantes aos da França e da Alemanha, nos quais tinham se inspirado. Mas o desejo de promover a educação primária mais ampla e o viés da fabricação de brinquedos centrados na criança se aproximavam mais dos padrões americanos. Essa complexa combinação intensificava a diversificação japonesa.

Essa complexidade significa também que houve e ainda há uma animada discussão sobre infância no Japão, tanto entre grupos sociais como entre as lideranças, e uma contínua corrente de mudança. Ainda que a aprendizagem mecânica e as lealdades de grupo determinem escolhas distintas do Ocidente, havia e há muitos reformadores japoneses estimulando mais individualismo e criatividade.

A ocupação americana do Japão de 1945 a 1952 trouxe inevitavelmente influências externas adicionais que deram colorido à infância japonesa. O nacionalismo e, em particular, a adoração ao Imperador foram reduzidos nas escolas, tendo o individualismo sido encorajado. À medida que as distinções sociais diminuíram, tanto as escolas secundárias quanto as universidades se expandiram com rapidez. Em 1947 passou a ser obrigatório o ciclo de nove anos de educação básica. A polêmica continuou, quando nos anos 1960 os conservadores se reagruparam contra as idéias mais individualistas de cidadania que os americanos tinham promovido, falando de uma renovação do "cultivo da consciência ética". Em seguida, um novo ímpeto reformista, nos anos 1980, atacou com desmedida ênfase a aprendizagem de rotina, recomendando com insistência repensar a habilidade e a inovação como essenciais para o sucesso do Japão na economia global e na era da informática. O Ministério pronunciou frases como "da uniformidade e homogeneidade para maior diversidade e expansão da liberdade de escolha" e uma necessidade "de identificar e desenvolver a personalidade, habilidades e atitudes dos indivíduos". Ao mesmo tempo, as crianças japonesas estavam se saindo excepcionalmente bem em competições acadêmicas internacionais e não era de se surpreender que alguns nacionalistas começassem a afirmar que o restante do mundo tinha agora que correr atrás. Por outro lado, o tema da educação moral especial permanecia vivo, fazendo referências à "consciência nacional adequada" e à "cultura e tradições incomparáveis do Japão". Segundo um conservador, "você tem de ensinar a tradição às crianças, gostem elas ou não". Nesse, como em outros aspectos, o Japão participou ativamente no estabelecimento de padrões para a infância moderna, compartilhando temas-chave com muitas outras sociedades, porém operando com um vocabulário distintivo e apresentando diversos temas especiais.

Para saber mais

Brian Platt, "Japanese Childhood, Modern Childhood", *Journal of Social History* 38 (2005); Gary Cross e Gregory Smits, "Japan, the U.S., and the Globalization of Children's Consumer Culture", *Journal of Social History* 38 (2005); Kathleen Uno, *Passages to Modernity: childhood and social reform in early twentieth century Japan* (Honolulu: University of Havaii Press, 1999); Herbert Passin, *Education and Society in Japan* (New York: Teachers College Press, 1965); Mark Lincicome, *Principles, Praxis and the Politics of Educational Reform in Meiji Japan* (Honolulu: University of Havaii Press, 1995); Joseph Tobin, ed., *Re-Made in Japan: everyday life and consumer taste in a changing society* (New Haven, CT: Yale University Press, 1992); Michael Stephens, *Japan and Education* (New York: Macmillan, 1991); Donald Roden, *Schooldays in Imperial Japan: a study of the culture of a student elite* (Berkeley: University of California Press, 1980); Helen Hopper, *Fukuzawa Yukichi: from samurai to capitalist* (New York: Longmans, 2004), sobre um líder educacional reformista; Peter N. Stearns, *Schools and Students in Industrial Society: Japan and the West 1870-1940* (Boston: Bedford, 1998); John Traphagan e John Knight, eds., *Demographic Change and the Family in Japan's Aging Society* (Albany: State University of New York Press, 2003).

A INFÂNCIA E AS REVOLUÇÕES COMUNISTAS

Versões do modelo moderno de infância continuaram a se espalhar durante o século XX em muitas partes do mundo, embora os legados do colonialismo, a dependência econômica, e mesmo a experiência de escravidão anterior, comprometessem a mudança global. O Ocidente e o Japão continuaram a se ajustar a novos padrões. Cidades latino-americanas trabalharam em função de uma infância mais escolarizada, mas as desigualdades sociais contaminaram esse processo. A força de mudança mais notável na questão da infância na primeira metade do século XX foi trazida pela explosão das revoluções políticas e sociais, que se tornaram parte vital do cenário desse século.

Revoluções importantes marcaram a história mundial do século XX em muitos aspectos e a maioria das verdadeiramente importantes – na Rússia, China, Cuba e Vietnã – ocorreu por inspiração comunista. Todas as revoluções do século XX atacavam a influência Ocidental, e os líderes comunistas tinham a intenção deliberada de introduzir sistemas muito diferentes dos burgueses do Ocidente, dominado pelo capitalismo. No geral, entretanto, as revoluções fizeram avançar os elementos mais importantes do modelo moderno de infância, e de fato proporcionaram um dos grandes instrumentos para a difusão desse modelo ao longo do século XX. O desafio de lidar com os casos da Rússia e China (e suas imensas populações) é o de captar suas características comuns modernas, bem como algumas tradições específicas que tenham resistido às mudanças, mas também a tentativa deliberada de forjar uma infância comunista diferenciada.

Algumas tímidas reformas do modelo de infância tinham se espalhado na Rússia e na China antes das revoluções, o que ajuda a explicar por que os revolucionários, mesmo com seu fervor de implementar mudanças sistemáticas, consideraram lógico o padrão moderno, em particular quando tratava da escolarização. Os líderes também acreditavam que a educação poderia ser moldada de modo a oferecer vantagens específicas para um futuro comunista, que não precisaria ser orientado por modelos especificamente ocidentais. Os regimes comunistas introduziram outras inovações em sua visão da problemática infantil – por exemplo, dando uma elevada ênfase a grupos juvenis – que se somaram ao ímpeto de mudança. É também importante notar que simplesmente introduzir o modelo moderno num contexto como o da sociedade chinesa, com suas tradições milenares em relação à infância, acabou envolvendo fatores muito distintos daqueles presentes no Ocidente. Tipos distintivos de rupturas e oportunidades poderiam surgir, intensificados pelo impetuoso fervor da experiência revolucionária.

Estamos lidando, então, com outro conjunto de casos de transformação profunda, justapondo-se de muitas maneiras à experiência do Ocidente e do Japão, caracterizados por tradições peculiares e pelo poder das aspirações revolucionárias. As revoluções foram fortemente respaldadas pela juventude e adultos jovens, dispostos a agir com violência para destruir as estruturas estabelecidas, em sociedades em que a percentagem de jovens permanecia muito alta. Esse fato, a par de uma ideologia que tinha a intenção de criar o "novo homem" inspirado em valores comunistas e juntamente com o evidente poder do próprio modelo, assegurou uma mudança dramática. Os padrões familiares modernos mesclaram-se com as circunstâncias especiais de uma nova era revolucionária.

O Partido Comunista Russo não dispunha de grupos juvenis antes da revolução de 1917, em grande parte porque o partido tinha de operar na clandestinidade. A Rússia czarista, por sua vez, também não desenvolveu qualquer interesse na infância – não havia virtualmente nenhuma pesquisa russa sobre a infância antes do século xx – além da expansão gradual da educação. Num país altamente agrícola, as condições básicas da sociedade agrícola, que incluíam uma freqüente disciplina rígida para as crianças, prevaleciam.

Logo após 1917, foi dada nova atenção às crianças, ainda durante a luta dos revolucionários comunistas pela tomada e manutenção do poder. Em 1918, teve lugar o primeiro congresso de organizações juvenis. Um ano depois, uma lei proibia o trabalho antes dos 14 anos de idade – lei essa que acabou sendo desrespeitada. Seguiu-se em 1919 o Decreto de Erradicação do Analfabetismo, e ainda que isso pudesse parecer um lance de propaganda – um problema-chave em lidar com o comunismo russo era seu desejo de trombetear seus benefícios para as crianças para impressionar o povo e a opinião pública internacional, nem sempre tendo compromisso com a verdade –, o regime logo começou a instalar novas escolas, inclusive uma rede de creches e jardins de infância. Esforços foram feitos para melhorar a saúde das crianças e abolir o uso das punições físicas – um empenho realmente interessante com o fim de reverter explicitamente aos padrões da sociedade e escolas russas pré-revolucionárias. O compromisso geral com as crianças foi impressionante, dados os muitos problemas surgidos nos primeiros anos da revolução e a verdadeira pobreza da sociedade russa.

Por que – objetivos propagandísticos à parte – tão intenso interesse? A escolarização já vinha se expandindo na Rússia czarista, de sorte que parecia lógico continuar o esforço – embora por novos e impressionantes meios. O novo regime teve também de enfrentar vários anos de crises reais para as crianças: as seqüelas da Primeira Guerra Mundial, inclusive a subnutrição e os anos revolucionários e de guerra civil, que registraram inanição disseminada e aumentaram muito as taxas de mortalidade infantil. O índice entre crianças pequenas, que era de 30% antes de 1914, passou de 50% por volta de 1921 (algumas estimativas dão 90% entre recém-nascidos). A nova atenção dispensada às crianças se deveu em parte a ameaças reais. É verdade que o novo regime, embora desafiasse grande parte do mundo, queria a aprovação internacional, e um compromisso maior com o modelo moderno de infância podia ser útil nesse sentido. Acima de tudo, porém, o comunismo como ideologia estava profundamente imbuído da crença de que as crianças nasciam boas, inocentes e aprimoráveis. Os problemas da infância seriam resultado de arranjos sociais imperfeitos, pobreza e desigualdade de classes. A nova Rússia precisava, em decorrência, ser construída sobre os esforços grandemente intensificados de proteção e educação de suas crianças. Essa crença, nascida na mesma ideologia básica do Iluminismo que inspirou as primeiras fases do modelo moderno no Ocidente, moldou fortemente as aspirações e políticas revolucionárias. Deu-se um impulso tanto em direção ao modelo moderno quanto ao um esforço concentrado para produzir um tipo de criança diferente da criada pelo Ocidente, vista como fatalmente corrompida pelo capitalismo.

A crença comunista na inocência da criança, mas também nas falhas tanto das infâncias capitalistas quanto das condições da Rússia pré-revolucionárias, teve vários desdobramentos curiosos. Um é que os revolucionários acreditavam que sabiam muito mais do que os pais sobre o que as crianças precisavam. Os especialistas no Ocidente também pensavam assim, mas na Rússia essa crença era ainda mais forte: para aprimorar a infância, os pais necessitavam ser orientados e ter sua autoridade sobre as crianças atenuada. Os revolucionários acreditavam até que as crianças comunistas bem treinadas deveriam assumir a tarefa de educar os pais, que eram atrasados em muitos aspectos relevantes. O Estado tinha de conquistar um espaço ativo na educação das crianças – isso queria dizer escolas, é claro, como no modelo moderno em geral, mas nas atividades extras também. "A criança é o objeto da criação do Estado" afirmou um líder do partido, e ainda que, na verdade, as famílias continuassem extremamente importantes, o papel do Estado também se ampliou. A crença na inocência infantil e a missão comunista ligada às crianças também ajudaram a explicar a fervorosa propaganda: o aprimoramento das crianças era tão fundamental para o ideal revolucionário que se tornava quase impossível admitir publicamente problemas básicos (exceto quando resíduos dos tempos pré-revolucionários, como a religião, pudessem ser por eles responsabilizados). Assim, temas como delinqüência juvenil, foram amplamente varridos para debaixo do tapete.

A reestruturação da infância sob o comunismo teve quatro componentes: o modelo moderno em si, com suas facetas usuais, uma das quais, no entanto, foi alvo de fortes controvérsias. Em segundo lugar, um aparato especificamente comunista somado ao modelo moderno. Em terceiro lugar, continuidade das condições russas anteriores que persistiram a despeito da forte oposição da liderança. E finalmente, algumas mudanças, em particular na direção de uma infância mais consumista que começou a emergir depois dos anos 1950, apesar da oposição oficial igualmente considerável.

Como vimos, o regime rapidamente se voltou para a escolarização intensiva, pelo menos em princípio, e melhorias na saúde infantil, incluindo um esforço para reduzir as taxas de mortalidade. O progresso na escolarização foi verdadeiramente notável, ao mesmo tempo em que a liderança revolucionária continuava a lutar com recursos limitados. Havia um profundo compromisso. As escolas primárias se espalharam rapidamente, numa sociedade em que as taxas de alfabetismo só chegaram a 28% em 1914. A expansão das escolas secundárias e das universidades foi o passo seguinte. Entre 1929 e 1939, as matrículas dobraram na escola primária, aumentaram oito vezes no ginásio e onze vezes no ensino médio. Na universidade, as matrículas triplicaram em 1939 e mais que dobraram novamente em 1951, chegando a registrar 1,3 milhão de alunos. O governo também investiu em ampla pesquisa em pedagogia, buscando novos métodos de ensino, compatíveis com os objetivos comunistas e que acionassem a plena capacidade de aprendizagem dos alunos. Havia uma esperança real, ainda que ingênua, de que num Estado socialista a aprendizagem fosse prazerosa e espontânea. Foram estabelecidos prêmios para bons estudantes. As famílias, percebendo a importância da educação para o futuro dos filhos, faziam um esforço sistemático a fim de que se alcançasse sucesso escolar, em particular na cidades em crescimento. Essa foi uma verdadeira transformação: a infância agora significava escolaridade acima de tudo.

Muitos desses acontecimentos constituíam uma boa ilustração do modelo moderno, com alguns ajustes. O regime queria escolas para combater resquícios do velho regime e se preparar para uma sociedade melhor, por isso o grande empenho em atacar a religião ("superstição") e injetar os princípios do marxismo juntamente com uma grande ênfase em ciências. O entusiasmo pelo marxismo compreendia por vezes memorizar exercícios para alunos muito jovens, que provavelmente entendiam pouco do que lhes estavam socando na mente. Nos anos 1950, o marxismo foi lecionado com mais cuidado e adequação para as séries primárias e adiante. Mais interessante foi a tentativa ambiciosa de espalhar creches e jardins de infância, a fim de preparar as crianças cedo e reduzir a influência familiar. O programa também vinha ao encontro da necessidade de grande número de mães trabalhadoras na União Soviética, que precisavam de ajuda para cuidar dos filhos. Os jardins de infância se disseminaram rapidamente, embora a limitação de fontes de financiamento tenham restringido e às vezes reduzido os esforços. Por volta de 1929, cerca de 10% das crianças com idade compatível estavam em maternais e outras instituições, que, de alguma forma, se juntaram ao programa. As famílias da zona rural aceitaram mais lentamente os jardins de infância, por vezes até os recusando, preferindo os cuidados convencionais da família. Por isso, esse aspecto do processo de mudança foi mais tímido na zona rural.

A investida para reduzir a mortalidade infantil foi impressionante, embora acontecimentos – como a invasão alemã na Segunda Guerra Mundial – tivesse provocado recuos. Um decreto de 1918 insistia em novas metas, sustentando que crianças demais haviam morrido "como resultado da ignorância e irresponsabilidade do povo oprimido e da estagnação e indiferença da casta (czarista) do Estado". O governo expandiu rapidamente as clínicas e o atendimento pré-natal e também tentou ampliar o corpo pediátrico. Somado a isso, as clínicas procuravam pelos pais ativamente, em especial as mães, enviando lembretes e mesmo fazendo visitas pessoais se as crianças não fossem levadas para os exames médicos de rotina, numa visão bem mais intervencionista que no Ocidente. O Estado publicou uma série de manuais, de novo na suposição de que os pais não fossem inteiramente confiáveis – como sustentou no início uma autoridade: "a criação familiar precisa receber orientação". Ou como outro especialista afirmou, discutindo padrões de moradia e alimentação para as crianças: "mesmo isso, a maior parte dos pais não faz direito". A higiene foi rigorosamente enfatizada, tanto nas escolas como em outros lugares, de forma similar ao que ocorreu no Ocidente e no Japão. Por volta de 1960, as taxas de mortalidade infantil tinham caído 900% com relação a 1918: era de 3,8%, caindo para 2,5% em 1989. Esses índices permaneceram um pouco mais altos do que no Ocidente, refletindo os padrões de vida em geral mais baixos e atendimento médico inegavelmente abaixo dos padrões admitidos. A mudança, porém, tinha sido dramática e certamente levou a União Soviética a um modelo moderno de infância nesses importantes aspectos.

Com a maior freqüência das crianças às escolas em vez de serem enviadas para o trabalho (pelo menos não o relacionado à economia familiar), a taxa de mortalidade em queda somadas a questões como falta de moradia endêmica e dificuldades de cuidar dos filhos, não era de se surpreender que a população soviética tenha começado a participar da terceira área de mudança moderna: a redução da taxa da natalidade. Os ataques à religião, embora não intencionais, também haviam reduzido algumas das barreiras tradicionais ao controle da natalidade. Evidentemente foram as minorias religiosas da União Soviética, como os muçulmanos, que mantiveram as taxas mais altas de natalidade. A política do governo, no entanto, oscilava. Durante os anos 1920, houve debates abertos quanto à redução da taxa de natalidade e à experimentação com vários métodos de controle. Entretanto, Stalin fez a nação oficialmente voltar a uma política em favor da natalidade, incentivando o crescimento da população para fins econômicos e militares. O Estado criminalizou o aborto em 1926. Os índices de nascimento continuaram a cair, no entanto, em parte pela disseminação do aborto ilegal. As famílias russas e as mulheres russas adotaram um comportamento de desafio silencioso aos objetivos do governo. O Estado, reconhecendo os perigos dos abortos ilegais, reverteu sua política em 1951. Por volta de 1980, a maioria das mulheres russas tinha tido pelo menos um aborto. Com algumas variações internas interessantes, a União Soviética se tornou uma sociedade com baixa taxa de natalidade. Decorreu disso uma crescente atenção dos pais para cada criança, incluindo o acompanhamento escolar, vinculando essa sociedade aos padrões modernos vigentes no Japão e no Ocidente.

Os acréscimos que os comunistas ofereceram à infância moderna chamam tanta a atenção quanto a conversão substancial ao próprio modelo moderno de infância. A doutrinação marxista e a propaganda das crianças soviéticas eram bastante óbvias, mas relevantes. A União Soviética apoiava abertamente os movimentos internacionais pelos direitos das crianças, em parte pelo menos como forma de mostrar serviço. Mencionando o imenso sofrimento das crianças por ocasião da Segunda Guerra Mundial, porta-vozes soviéticos valiam-se do tema como forma de se opor ao que afirmavam ser esforços ocidentais para promover o militarismo: "Precisamos dirigir a atenção de todos os que amam as crianças para os efeitos da corrida armamentista".

Desdobramentos mais concretos para as crianças soviéticas envolveram a ampla disseminação de grupos juvenis, criados para suplementar a atividade escolar, como forma de prolongar a influência do Partido Comunista sobre as crianças e ao mesmo tempo limitar o controle independente dos pais. Os grupos juvenis foram um acontecimento importante da história mundial moderna em geral, começando com programas como Escoteiros na Europa Ocidental e Estados Unidos. Visavam a auxiliar a disciplinar os jovens e torná-los socialmente úteis. Governos fascistas empregaram grupos juvenis como a Juventude Hitlerista para doutrinação e treinamento paramilitar. E o sistema soviético empenhou-se em levar essa atividade muito adiante.

Quase todas as crianças aos 9 anos estavam inscritas em organizações de Jovens Pioneiros, que promoviam uma série de atividades – aulas de dança, treinamento esportivo, acampamentos de verão – e trabalhos coletivos. Muitos dos que se graduavam nos Jovens Pioneiros aos 14 anos continuavam participando dos Komsomols (grupos comunistas para jovens), em que os controles do Partido eram manifestos e a doutrinação política explícita, mais intensa.

Grupos juvenis, escolas e diretrizes oficiais realçavam a importância da infância e seu enfoque no coletivo. As crianças dispunham-se ainda a levar a cabo um bocado de trabalho. As escolas organizavam diversas atividades produtivas, apropriadas à faixa etária, e os grupos juvenis pediam auxílio das crianças na colheita, para tomar conta de idosos, fabricar brinquedos e uma série de outras atividades. Os objetivos eram de ajudar o Estado – e não a economia familiar – sem interferir na educação primária e ensinar às crianças tanto habilidades relevantes quanto a própria nobreza do trabalho. Os grupos juvenis promoviam também atividades de lazer. Nas escolas, as crianças logravam, quando convocadas para o "trabalho social", colocar mais ênfase no social que no trabalho. Quanto ao Estado, não estava muito interessado nas brincadeiras em si, mas em preparar as crianças para o estágio adulto. Nesse sentido, refletia uma combinação de crenças comunistas com resquícios da tradição agrícola. Ambas as vertentes acrescentavam interessantes variáveis ao modelo moderno. Em 1984, um código de educação incentivava a honestidade, a coragem etc. como objetivos de caráter para as crianças, mas também "rigor no trato com o outro", um dever com relação ao bem comum – uma combinação que não se encontraria naquele momento em nenhum manual ocidental. As organizações juvenis eram altamente moralistas, outro sinal da seriedade no trato da infância e das responsabilidades sociais das crianças. Um membro do Komsomol repreendeu uma menina que ameaçou sair por aí à procura de seu pai divorciado: "Galena é uma Komsomol, ela deveria ter a coragem e honestidade de dizer a seus companheiros que tipo de vida estava buscando". O empenho em atrair crianças talentosas para academias de dança ou instituições de treinamento esportivo era outro exemplo do uso da infância para fins sociais e para inculcar nelas a seriedade do adulto.

O sistema soviético também flertou com algumas mudanças na divisão de gênero, baseados na crença formal da igualdade entre homens e mulheres numa sociedade comunista. Vários textos atacavam a tradicional degradação das mulheres. Porém, os uniformes escolares realçavam as diferenças, com vestimentas muito femininas para as meninas nas escolas secundárias. O próprio Estado logo começou a dar ênfase aos deveres femininos com a família, inclusive a maternidade. As próprias crianças assumiam as diferenças, como um garoto que observou, quando lhe pediram que tratasse melhor as meninas, que "Lenin era um menino". A expansão da educação reduziu sem dúvida as diferenças de gênero na infância, mas não houve uma revolução completa.

As características comunistas em relação à infância de modo algum foram inteiramente bem-sucedidas. Muitas crianças, devido em parte às guerras e deslocamentos, sofreram com abusos e miséria, outras tantas se perderam ou ficaram órfãs. O índice de divórcios também cresceu, aumentando dessa maneira o número de crianças em casas chefiadas por mulheres. A delinqüência juvenil e, nos anos 1980, as drogas tornaram-se problemas inquestionáveis, embora suas dimensões fossem dissimuladas pelos dados oficiais. O sistema comunista também falhou ao romper o controle da família sobre a infância e sobre os prazeres tradicionais do jeito que pretendia. Muitas crianças russas continuaram a adotar as brincadeiras tradicionais e ouvir histórias tradicionais, incluindo as muito supersticiosas. Os pais as levavam a espetáculos de fantoches e circos, ambos muito populares. Muitos adultos lembram de excursões felizes às florestas ou ao campo com as famílias. Campanhas oficiais exibiam a insistência das celebrações familiares voltadas para as crianças. O grande empenho contra as árvores de Natal, por exemplo – "nós precisamos lutar contra o antigo estilo de vida" –, demonstrou o quanto estavam arraigados os velhos hábitos.

Por fim, novos tipos de rebeldias, perpetradas em particular por adolescentes, emergiram por volta dos anos 1950, dirigidas não contra o modelo moderno, mas contra alguns acréscimos comunistas, levados a efeito com desmedida seriedade e exagerada pregação e contra a burocracia crescente e inflexível do movimento Komsomol. Por volta de 1955, um membro do Komsomol proclamava que "nós começamos a travar uma luta intransigente contra esses desocupados que imitam o lixo que é a moda do estrangeiro". A juventude de mentalidade consumista estava "completamente divorciada da variada, cheia e linda vida do trabalho e do romantismo, vividos por nossa juventude soviética". Crescente interesse na música ocidental, nos estilos de vestir, inclusive os jeans e outros sinais da cultura jovem global, apesar de combatido pelo governo, mereceu atenção cada vez maior dos jovens, à medida que o sistema comunista foi perdendo sua força após a morte de Stalin, até o colapso do sistema em 1991.

A revolução russa abrangeu uma revolução na infância, embora não uma completa reviravolta de todas as tradições. Os objetivos e atividades das crianças mudaram radicalmente. Ao findar o sistema soviético, parecia não haver dúvida de que o modelo moderno iria manter sua força. A questão agora era o repentino desaparecimento das organizações e doutrinas comunistas que se haviam imposto tão pesadamente sobre a infância soviética. Ainda que muitas crianças não tivessem aceitado inteiramente o sistema, não estava claro que tipos de alternativas estariam disponíveis.

Os comunistas chineses, ao assumirem o controle do país em 1949, mostraram-se ainda mais determinados que seus camaradas soviéticos em construir uma sociedade radicalmente diferente dos modelos modernos ocidentais. Eles também tiveram de competir com a poderosa tradição confuciana e suas implicações para a infância. Não é de se surpreender nesse contexto que o regime introduzisse de tempos em tempos alguns graves experimentos relativos à escolarização, por exemplo, e o papel da juventude na sociedade em geral. Houve também um movimento ainda mais forte do que na União Soviética para encorajar famílias grandes, como fonte de força econômica e militar, que fazia parte da preparação para o combate contra o resto do mundo e um sintoma de um pensamento mais tradicional sobre a utilidade de grande número de crianças. A longo prazo, no entanto, o novo regime abraçou o modelo moderno, incluindo uma severa política de controle da natalidade. Como na União Soviética, formaram-se grupos juvenis e foi dada ênfase ao serviço social.

Dois pressupostos, semelhantes aos dos soviéticos, orientaram a política relativa às crianças: em primeiro lugar, uma crença otimista de que as crianças eram inocentes e podiam ser aprimoradas com um tipo correto de orientação. Em segundo, uma convicção profunda de que as políticas anteriores relativas às crianças, inclusive as tradições confucianas e os controles rígidos dos pais, eram profundamente falhas, responsáveis por problemas cruciais no passado chinês. Em decorrência disso, a influência familiar deveria ser restringida em favor de um treinamento apropriado.

A reforma da escola não era um tema novo na China. Os reformadores chineses e missionários ocidentais trabalharam intensamente desde 1900 para criar escolas mais modernas, livres das regras confucionistas, que se dedicavam a instilar o conformismo em crianças, mais abertas aos assuntos científicos e à pesquisa intelectual em geral. Especialistas em comunismo baseados, em parte, na pesquisa russa enfatizaram a necessidade de identificar características individuais e encorajar a criatividade. O quanto isso chegou a afetar a escolaridade é uma questão em aberto. Os professores chineses, de acordo com estudos do exterior, continuaram a pressupor que as crianças deveriam corresponder a padrões próprios de cada idade. Era dado realce aos padrões e não ao desenvolvimento individual. Nas primeiras séries, fazer as crianças recitarem em uníssono, em parte como forma de controlar impulsos individuais, era uma manobra comum, mais do que uma alusão ao confucionismo. Além do mais, a nova ênfase na doutrinação marxista colocou mais uma camada de conformismo memorizado na cabeça das crianças. Ensinavam-se os heróis comunistas às crianças, começando pelo presidente Mao, e a necessidade de dedicar a vida à luta pelo comunismo – embora, como um entrevistado notou, lembrando de seus dias de estudante, "para falar a verdade, nós não sabíamos ainda o que era comunismo".

Não há dúvida de que a expansão das escolas foi célere. Durante os anos 1950, o número de crianças nas escolas primárias triplicou, chegando a 90 milhões – um imenso investimento numa nação ainda pobre. O aumento nas matrículas na escola secundária foi ainda maior, em termos percentuais. Esse processo de expansão continua até os dias de hoje. O regime em 2003 estabeleceu um compromisso de dar formação universitária a 15% dos jovens em idade compatível com o terceiro grau – uma porcentagem menor que a do Japão ou a do Ocidente, mas dado o tamanho da população, uma tarefa enorme, que desencadeou construções em massa de novos *campus*. Para as próprias crianças e seus pais, o foco no trabalho passou de forma progressiva para a escolarização.

A exemplo da União Soviética, levou-se a efeito um grande esforço no sentido de desenvolver creches e jardins de infância de modo a proporcionar cuidados às crianças cujos pais cada vez mais trabalhavam fora. Era uma boa oportunidade de doutrinação. Vários grupos juvenis surgiram com os mesmos objetivos. Os comunistas criaram a instituição Pequenos Soldados Vermelhos durante a luta revolucionária, utilizando crianças como sentinelas e em outras tarefas. O grupo também se voltou para os alunos do primário, tendo sido suplementado pelo Jovens Pioneiros e a Liga Comunista da Juventude. Foi tremenda a pressão sobre as crianças para aderirem a esses grupos. Nos Jovens Pioneiros, por exemplo, tinham de usar um cachecol que era uma marca distintiva. Na 6ª série, quem esquecesse o cachecol seria marginalizado pelos colegas.

Os deveres laborais se articulavam com a escolarização e com os grupos juvenis, respondendo ambos tanto aos interesses da economia estatal corrente, quanto, ao mesmo tempo, à transmissão de adequados valores. Alunos do ensino médio passavam um mês em seminários escolares aprendendo a construir circuitos elétricos para carros e caminhões. Eram também enviados para trabalhar no campo. Um uso surpreendente das crianças consistia no patrulhamento das ruas a fim de impedir que os adultos cuspissem no chão. Isso coincidiu com a grande ênfase da higiene nas escolas, porém, mais que isso, inverteu os conceitos do confucionismo, tornando as crianças monitores de obstinados idosos. Durante a Revolução Cultural de 1966-7, Mao Tsé-tung quase se voltou contra o próprio sistema educacional, preocupado com o número significativo de alunos que estavam adotando valores burgueses. Milhões de alunos da escola secundária e da universidade foram enviados ao campo para trabalhar na agricultura. Embora tenha sido um momento histórico interessante, o ímpeto foi transitório e a ênfase nas conquistas educacionais foi retomada em 1970. A Revolução Cultural lançou mão inclusive de gangues comunistas juvenis para intimidar os adultos – professores tradicionalistas, por exemplo –, numa inversão deliberada da hierarquia confuciana. Os próprios jovens por vezes buscavam saídas à rebelião contra a disciplina e a competitividade do próprio sistema escolar.

Além da escolarização, o novo regime trabalhou com afinco para aprimorar a saúde das crianças. Foram instaladas clínicas distritais nas cidades, enquanto "doutores descalços", combinando medicina moderna e tradicional, davam atendimento no campo, incluindo imunização contra as doenças infantis mais comuns. Houve rápida queda da mortalidade infantil a partir de 1950, decrescendo em média de 18% ao ano entre 1955 e 1960, situando-se em 3,7% por volta de 2003.

O presidente Mao levantou algumas questões ligadas ao modelo moderno de infância, afirmando nos anos 1950 que altas taxas de natalidade eram um ativo para China, vindo a preencher a necessidade de mão-de-obra e atacando os especialistas em demografia no Ocidente que incitavam nações como a China a reduzir o índice. Por volta dos anos 1960, no entanto, ocorreu o retorno ao controle populacional. O governo jogou pesado, porém encontrou resistência dos pais à diminuição da contribuição infantil para a economia familiar e pressões de empregos dos pais fora de casa. Por volta dos anos 1960, as clínicas e os "doutores descalços" distribuíam itens de controle da natalidade, inclusive pílulas e Dius, e realizavam abortos. Lideradas pelas cidades, as taxas de natalidade caíram muito – em alguns lugares, houve 50% de redução no intervalo de dois anos dessa década. Nos anos 1980, o regime pós-Mao arrochou a política populacional ainda mais, proibindo o casamento antes de 25 anos e punindo casais que tivessem mais de um filho. Houve neste caso uma tremenda afirmação do poder estatal e também um notável afastamento dos costumes chineses relacionados às crianças.

Na prática, a inovação revolucionária articulou-se com tradições seletivas – e nem todas as inovações na verdade seguiram as orientações comunistas. Os pais e as crianças foram informados de que a família precisava diminuir e que as crianças deveriam estar "preocupadas com os benefícios do povo e interesses do Estado". Medidas específicas criticavam o controle dos pais: uma Lei de Matrimônio de 1950, por exemplo, permitia aos jovens escolher seus cônjuges, sem o consentimento dos pais. Mas a mão da família continuava forte. Enquanto cerca de 30% das crianças chinesas por volta de 1970 freqüentavam jardins de infância, particularmente nas cidades, um número muito maior ficava sob os cuidados de avós. A tradição continuava a moldar as reações às novas políticas demográficas: com a permissão de ter apenas uma criança, muitas pessoas do meio rural retomaram a prática do infanticídio feminino (a fim de que seu único filho fosse um menino). A porcentagem de meninas e meninos internados em orfanatos era de 9 para 1, respectivamente. Em conseqüência, passou a existir um considerável excesso de meninos. A política do filho único também encorajou novos níveis de investimento emocional e tolerância material com as crianças, criando laços mais fortes entre pais e filhos em vários aspectos – o que foi um avanço na história moderna da infância, e não exatamente um objetivo do comunismo. Por volta do ano 2000, as autoridades escolares denunciavam tremenda pressão de grupos "4-2-1" de se assegurarem de que o amado filho único fosse bem tratado. O "4" eram os avós, o "2", os pais, todos empenhados no sucesso de uma criança e introduzindo um novo e significativo ingrediente na condução das próprias escolas.

Com a adoção de políticas econômicas de mercado pelo regime comunista em 1978 e o rápido crescimento econômico que se seguiu, a infância urbana chinesa na verdade começou a coincidir em parte com as infâncias de outras sociedades de várias formas. Algumas das experiências com trabalho coletivo foram gradualmente desaparecendo, substituídos pela ênfase no sucesso escolar e por avanços em direção à universidade. (O aumento substancial da demanda por universidades superou em muito a oferta.) Desenvolveram-se novos interesses de consumo por parte das crianças e dos pais. Mercadorias para bebês importadas tornaram-se moda nos anos 1980, incluindo brinquedos, fraldas, e para as mocinhas, cosméticos. Muitas crianças urbanas chinesas começaram a participar da cultura globalizada.

A contribuição do comunismo para a mudança da natureza da infância no século xx foi de grande significado. Onde quer que o comunismo detivesse o comando, as mudanças nos conceitos da infância e as iniciativas do governo relativas às crianças aconteciam rapidamente. O exemplo comunista pode ter influenciado também outras partes do mundo, assimilando elementos do modelo moderno. As ênfases dadas pelo comunismo foram instigantes e vitais para muitas crianças por mais de um século, dada a dedicação aos grupos de jovens e à conscientização política. Quando o comunismo retrocedeu após a metade dos anos 1980 – mesmo na China, com sua guinada em direção à economia de mercado –, a durabilidade dessas ênfases foi colocada em questão, e junto com elas o leque de opções para a infância moderna, que não seria definida pelos padrões ocidentais.

Para saber mais

Sobre a União Soviética e acontecimentos mais recentes na Rússia: Clementine Creuziger, *Childhood in Russia: representation and reality* (Lanham, MD: University Press of America, 1996); Lisa Kirschenbaum, *Small Comrades: revolutionizing childhood in Soviet Russia, 1917-1932* (New York: Routledge, 2001), uma pesquisa notável; Deana Levin, *Leisure and Pleasure of Soviet Children* (London: MacGibbon and Kee, 1966); Dorothea Meek, *Soviet Youth: some achievements and problems* (London: Routledge and Kegan Paul, 1957); Landon Pearson, *Children of Glasnost: growing up Soviet* (Seattle: University of Washington Press, 1990); Jim Riordan, ed., *Soviet Youth Culture* (Bloomington: Indiana University Press, 1989); N. Vishneva-Sarafanova, *The Privileged Generation: children in the Soviet Union* (Moscow: Progress Publishers, 1984); e Kitty Weaver, *Bushels of Rubles: Soviet youth in transition* (Westport. CT: Praeger, 1992).

Sobre a China: E. Stuart Kirby, ed., *Youth in China* (Hong Kong: Dragonfly Books, 1966); Anita Chan, *Children of Mao: personality development and political activism in the Red Guard generation* (Seattle: University of Washington Press, 1985); Jon Saari, *Legacies of Childhood: growing up Chinese in a time of crisis, 1890-1920* (Cambridge, MA: Harvard University Press, 1990); William Kassen, ed., *Childhood in China* (New Haven, CT: Yale University Press, 1975); Sing Lau, ed., *Growing Up the Chinese Way* (Hong Kong: Chinese University Press, 1996); Thomas Bernstein, *Up to the Mountains and Down to the Villages: the transfer of youth from urban to rural China* (New Haven, CT: Yale University Press, 1977); Luo Xu, *Searching for Life's Meaning: changes and tensions in the worldviews of Chinese youth in the 1980s* (Ann Arbor: University of Michigan Press, 2002); Beverley Hooper, *Youth in China* (Harmondsworth, UK: Penguin Books, 1985); Ann-ping Chin, *Children of China: voices from recent years* (Ithaca, NY: Cornell University Press, 1988).

A INFÂNCIA NAS SOCIEDADES AFLUENTES: SÉCULOS XX E XXI

A infância viveu grandes mudanças nas sociedades industrializadas avançadas durante o século xx. Predominaram dois padrões que, evidentemente, interagiram. Em primeiro lugar, os Estados Unidos, Japão e Europa Ocidental continuaram a implementar de forma mais completa o que descrevemos como características da infância moderna. Isto é, acresceram compromissos com a escolarização e reduziram ainda mais o trabalho infantil, pelo menos em suas formas mais tradicionais. Fizeram baixar dramaticamente a taxa de mortalidade infantil, cuja redução havia começado no século xix. Não obstante algumas idas e vindas, fizeram uma conversão plena para baixas taxas de natalidade (o Japão juntou-se a isso, de fato, após a Segunda Guerra Mundial, estimulado pelo governo, no início lançando mão intensamente do aborto e depois se voltando para outras formas de controle). Houve mudanças reais quando da plena implementação, ainda que os princípios tenham sido estabelecidos antes.

Em segundo lugar, as sociedades industrializadas avançadas também procederam a inovações quanto ao tratamento das crianças, reconsiderando os métodos tradicionais de disciplina e aumentando o grau de interesse – e preocupação – na criança como consumidora. Os Estados Unidos introduziram mudanças nessas áreas já por volta dos anos 1920. Na Europa Ocidental, as guinadas mais dramáticas – geralmente na mesma direção – ocorreram a partir de 1950.

No processo de mudança, as sociedades ocidentais modificaram alguns dos enfoques que tinham caracterizado sua visão de infância durante o século XIX, sem considerar o modelo moderno básico. Os comportamentos se tornaram mais flexíveis. Por volta de 1940, as injunções dos pais acerca da postura foram sendo abandonadas. Outras questões, inclusive um estilo mais informal próprio para o consumismo, prevaleceram. Preocupações com o sexo persistiram, em particular nos Estados Unidos, mas tanto a cultura quanto a prática se abriram para maior permissividade. A forte preocupação com a respeitabilidade, assim como com as classes mais baixas ou os imigrantes, faziam-se presentes nessas mudanças, sem desaparecerem inteiramente. Imagens de crianças graciosas e adoráveis proliferaram – mostraram-se muito eficientes em propaganda para produtos importantes, ou para a promoção de filmes –, mas se tornaram mais complicadas. A atenção com a adolescência, uma inovação do século XIX, tornou-se obsessão recorrente e cheia de preocupação de muitos adultos.

Nas sociedades industrializadas avançadas as diferenças persistiram. A Europa Ocidental e o Japão, por exemplo, colocaram muito mais ênfase em exames competitivos, a fim de rastrear os alunos em diferentes níveis da educação secundária e, mais tarde, determinar a qualificação para a universidade, do que os Estados Unidos. Isso significava que muitas crianças estavam sujeitas a uma pressão, em seus primeiros anos na escola, maior que nos Estados Unidos. As universidades americanas normalmente costumavam cobrar taxas de alunos, geralmente altas, ao passo que o Japão e a Europa Ocidental financiavam a maior parte das escolas com a renda de impostos, oferecendo bolsas para grande parte dos alunos que conseguiam aprovação: existia aí uma enorme diferença para a juventude mas também para as definições das responsabilidades familiares. O consumismo das crianças avançou bastante, mais depressa nos Estados Unidos e (no final do século XX) no Japão e em seguida na Europa Ocidental, embora as tendências se assemelhassem. As dietas variavam. Entre 1950 e 2004, as crianças européias, à medida que cresciam, ganhavam rapidamente altura – os holandeses tornaram-se o povo, em média, mais alto do mundo. As crianças americanas, no entanto, registraram menos ganhos, possivelmente devido a uma nova onda de imigração e maiores desigualdades sociais, mas provavelmente também em virtude de uma dieta rica em alimentos pouco saudáveis que inibiam o crescimento.

Depois de 1950, registraram-se enormes mudanças nos cuidados com as crianças, apesar das preocupações comuns, como estímulo às performances escolares. Na Europa Ocidental e nos Estados Unidos, mais e mais mães começaram a trabalhar fora de casa. Isso levantou a questão óbvia dos cuidados com as crianças, embora por toda parte as mulheres expressassem o desconforto inicial com seus novos papéis, reclamando – mesmo quando saíam para trabalhar – que as mães deveriam mesmo é ficar em casa. As creches proliferaram na Europa Ocidental e a maioria dos pais se acomodou com a utilização desse recurso. Nos Estados Unidos, eram maiores as preocupações com os cuidados infantis, e muitas mães preferiam deixar os filhos com parentes ou encontravam soluções alternativas, matriculando-as em alguma instituição. Por fim, no Japão, era pequeno o número de mães que trabalhavam, tendo um papel muito mais presente nos cuidados das crianças pequenas, tratando-as com muito mais condescendência como recompensa por sua aplicação nos estudos. Em todas as três regiões citadas, as diferenças foram impregnadas pelo padrão comum da queda da natalidade (ao lado de um breve *baby boom*), que em certa medida restringiu o problema.

É também importante lembrar o impacto diferencial dos eventos. As crianças nos países da Europa Ocidental, como Alemanha e França, sofreram muito durante a Primeira Guerra Mundial, por falta de comida e qualidade de moradia, bem como pela ausência ou, por vezes, perda dos pais. Isso se repetiu de forma mais acentuada na Segunda Guerra Mundial. As crianças nos Estados Unidos, embora afetadas, experimentaram muito menos perdas. Os bombardeios assustavam as crianças, literal e psicologicamente, na Europa Ocidental e no Japão, durante a Segunda Guerra Mundial. As crianças americanas viveram apenas um breve período de ansiedade à medida que a corrida às armas nucleares se ampliou nos anos 1950, como parte da crescente Guerra Fria. Alguns analistas afirmaram que o medo da devastação se aprofundou entre os adolescentes mesmo depois que os americanos substituíram as preocupações com o apocalipse por um crescente consumismo no final dos anos 1950. Contudo, as crianças americanas verdadeiramente nunca se viram diante da guerra moderna que afetou pelo menos duas gerações de meninos e meninas da Europa Ocidental, e uma geração no Japão.

Além do aspecto geográfico, diferenças sociais e de gênero também continuaram a pesar. Todas as crianças das classes operárias estavam matriculadas em escolas por volta de 1920, quando a lei tornou obrigatória a freqüência. Todavia, grande parte não concluía o curso secundário ou então não ingressava na faculdade na mesma proporção que os estudantes de classe média, o que significava que a adolescência de uns era diferente da dos outros. Para uma minoria, particularmente nos Estados Unidos, em que o Estado de Bem-estar Social não tinha se desenvolvido inteiramente, miséria e má-nutrição persistiam. Por volta de 1980, o número de crianças abaixo da linha de pobreza nos Estados Unidos começou a se expandir rapidamente, especialmente em casas chefiadas por mulheres – resultado tanto da redução da atenção do governo quanto da desestruturação familiar. Minorias raciais – que se expandiram na Europa como resultado da nova imigração depois da Segunda Guerra Mundial, assim como nos Estados Unidos – também forneceram contextos diferenciados para a infância, reagindo ao preconceito e a oportunidades reduzidas de trabalho, muitas vezes formando gangues independentes e criando estilos musicais. Embora a questão de gênero tenha certamente declinado em importância, ainda assim afetava o tipo de educação escolhido, o vestuário, outros itens de consumo e os deveres domésticos. Certos tipos de diferença de gênero se expandiam de quando em quando, como nos Estados Unidos nos anos 1920, em que se escolheu o rosa e o azul para identificar o gênero de crianças pequenas ou quando se enfatizou diferentes tipos de atividades extracurriculares, para realçar a masculinidade ou a feminilidade.

Ainda assim, persistiu um grande número de tendências comuns para crianças ricas. A começar pelo fato de a infância moderna ter se instalado completamente, as tendências descreviam uma quantidade de alterações significativas nas maneiras em que a infância era definida e vivida dentro das fronteiras nacionais. Elas também prepararam uma série de atividades deliberadamente compartilhadas através das fronteiras, incluindo estilos de roupa, brinquedos, recreações e música popular. Resultava disso, evidentemente, uma combinação de imitação intencional – inclusive a utilização dos mesmos manuais de criação, como o amplamente traduzido dr. Spock dos Estados Unidos – e condições compartilhadas de riqueza e a necessidade de preparar mais e mais crianças para trabalhos na vida adulta que dependiam de substancial formação.

Para nos atermos a um símbolo admirável, não foi por coincidência que os parques temáticos de Disney conseguiram sucesso em três continentes, como símbolo da devoção familiar ao lazer e consumo orientado para a criança. Os parques começaram nos Estados Unidos nos anos 1950. Uma versão japonesa perto de Tóquio logo teve sucesso. Na Europa isso foi um pouco mais difícil, porque havia certa resistência à cultura comercializada infantil e à americanização em geral, inclusive os hábitos alimentares americanos. Porém, com umas tantas adequações, a Euro Disney também teve sucesso, tornando-se o ponto turístico francês mais visitado, ganhando de atrações turísticas menos voltadas para as crianças, como a Notre-Dame e o Louvre.

O modelo moderno completo de infância implicava alguns refinamentos a mais e uma grande gama de resultados adicionais. É importante lembrar como recentemente, mesmo em lugares como a Grã-Bretanha ou os Estados Unidos, algumas das características aparentemente óbvias da infância moderna foram estabelecidas.

O trabalho residual foi um dos objetivos óbvios, com atenção especial ao trabalho infantil remanescente como suporte da família operária, somado ao interesse de algumas empresas em se apropriar dessa mão-de-obra barata. Leis básicas contra o trabalho infantil haviam sido aprovadas no século XIX nos países industrializados, mas havia muito ainda a fazer. As décadas em torno de 1900 assistiram ao auge do trabalho infantil nos Estados Unidos em termos estatísticos. Em 1890, cerca de um milhão de crianças entre 10 e 15 anos trabalhavam (12% do total), e em 1910 somavam quase dois milhões, ou 18%, e isso não incluía o trabalho nas fazendas. A opinião pública da classe média já se declarara contrária à fusão de trabalho e criança. Esses números, amplamente divulgados, desencadearam, como era de se prever, novas iniciativas de reforma. Em 1904, foi fundado o The National Child Labor Reform Committee (Comitê Nacional de Reforma do Trabalho Infantil), que por mais de duas décadas levou aos jornais histórias de abusos. O duplo foco incidia sobre os prejuízos à saúde infantil em empregos insalubres ou fábricas que utilizavam químicas e os impedimentos à escolaridade adequada. Perigos morais também avultavam, pois as crianças trabalhadoras ficavam expostas à exploração sexual ou serviam de chamariz de atividades criminosas nas ruas. Muitos adultos que tinham trabalhado durante a infância testemunharam abusos sofridos. De acordo com os reformadores, as crianças deveriam ter o direito de estar a salvo do trabalho, mesmo nas fazendas, e esse direito estava acima do pátrio-poder de obrigá-las a trabalhar.

Essa foi uma questão evidentemente polêmica. Interesses empresariais e da agricultura em geral defendiam o trabalho infantil. Citavam os benefícios para as famílias, o treinamento e a proteção das próprias crianças contra os perigos da ociosidade. Entretanto, paulatinamente, mediante uma combinação de mudanças na indústria, de leis incluindo a obrigatoriedade escolar e as decisões dos próprios pais, o trabalho infantil começou a declinar. A tecnologia também contribuiu: meninos de recado nas cidades, por exemplo, foram sistematicamente substituídos pelos telefones, enquanto os eletrodomésticos reduziram a necessidade de empregadas adolescentes. Por volta de 1920, a porcentagem de crianças formalmente empregadas não chegava a 8%, para jovens de 10-15 anos, e por volta de 1940 caiu para 1%.

Houve algumas exceções interessantes. Donos de jornais, por exemplo, sustentaram que os *office boys* (contínuos) continuavam sendo necessários – nada mais irônico, dado o papel ativo dos jornais na cruzada contra o trabalho infantil. Eles defendiam que se treinassem as crianças para as habilidades de trabalho e negócios, e muitos pais, incluindo pais da classe média, concordaram com isso por várias décadas, até que esses serviços passassem a ser feitos por adultos. A utilização de crianças, quase sempre das minorias ou estrangeiras, pelos trabalhadores migrantes nas fazendas escapava da regulamentação. Várias centenas de milhares de crianças ainda trabalhavam na agricultura americana por volta de 2001 e apenas 55% das crianças trabalhadoras migrantes tinham completado o secundário. Em geral, porém, nos Estados Unidos e na Europa Ocidental por volta de 1930 e no Japão por volta de 1950, crianças e trabalho formal simplesmente não se misturavam. Por um tempo, a infância ficou livre do trabalho até os 15 anos, mas gradualmente a escolaridade exigiu que a idade subisse para 16 – a Europa Ocidental adotou isso nos anos 1950 –, ao passo que o período escolar diário e o número de dias por ano na escola foram ampliados, reduzindo as oportunidades de trabalho para a maioria das crianças pelo menos até o final do secundário.

Essas mudanças, por sua vez, completaram a redefinição econômica da infância. As crianças constituíam, na linguagem contábil, passivo e não ativo. As famílias que não tinham percebido o quadro antes não poderiam evitar essa conclusão por ocasião do segundo quarto do século xx, o que propiciou um impulso adicional ao declínio da taxa da natalidade. De forma reveladora, a Grande Depressão dos anos 1930, que poderia ter estimulado uma maior dependência do trabalho infantil em vista da redução dos salários e do maciço desemprego de adultos, teve efeito oposto: as taxas de natalidade caíram aos níveis mais baixos, à medida que as famílias percebiam que não podiam sustentar mais do que uma ou duas crianças no modelo moderno de infância. Outras mudanças se relacionavam com essa transição. Entre os anos 1930 e 1950 grande parte das sociedades industrializadas abriu novos fundos de pensão – nos Estados Unidos, o Sistema Social de Seguridade começou a arrecadar contribuição para a aposentadoria em 1940. Isso teve o efeito de reduzir a dependência de pessoas idosas dos seus filhos como fonte de sustento. Novamente nos Estados Unidos, onde os idosos nos anos 1930 depositavam nos filhos a esperança de sua subsistência quando não pudessem mais trabalhar, a responsabilidade passou, por volta dos anos 1940, para o governo. Este foi outro motivo tanto para a redução do índice de natalidade quanto para o término da redefinição de infância – e dos jovens adultos – fora do trabalho.

Permaneceram algumas anomalias e indecisões. Por volta de 1960, a França e alguns outros países europeus começaram a fazer combinações entre trabalho e escola para jovens com mais de 15 anos. O argumento era que cerca de um quarto dos jovens menos bem colocados nos testes acadêmicos, se ainda contassem com alguma escolaridade, no treinamento de trabalho manual – de preferência trabalho manual de certa habilidade – teriam um estágio adulto economicamente mais viável. Em essência, programas desse tipo fizeram reviver a idéia de aprendizado, porém em benefício do indivíduo e não da família de origem. O modelo moderno de infância poderia ser modificado para, em outras palavras, uma minoria, embora só no meio da adolescência, quando já fosse possível fazer um bom julgamento sobre a capacidade de prosseguir nos estudos. Por volta dos 16 anos, quando legalmente era permitido deixar a escola, uma minoria de jovens, ou seus pais, tomava essa decisão, e essa mesma minoria foi paulatinamente minguando à medida que a freqüência na escola secundária tornou-se norma crescentemente aceita e à medida que ficou patente que um diploma do curso médio ou superior abria muito mais oportunidades na vida adulta.

Por volta dos anos 1980, cresceu o número de jovens americanos ao redor dos 17 anos que trabalhavam meio período depois da escola e nas férias. Em princípio, davam prioridade à escola, embora disso resultasse conflito. O emprego e outras atividades acabavam tirando a ênfase na escola e nas tarefas escolares, deixando os adolescentes cansados e desmotivados. Antes de programa experimental escola-trabalho, era o renascimento de velhas definições de infância apoiada no trabalho. As crianças que trabalhavam depois da escola estavam trabalhando principalmente para si mesmas – para consumir mercadorias como carros ou ajudar com as despesas da faculdade (bastante onerosas nos Estados Unidos) – e não para as famílias, embora é claro que houvesse exceções. Na maior parte, não estavam desempenhando tarefas que as preparassem diretamente para qualquer atividade de adulto, uma vez que eram funções geralmente de nível baixo. Ainda assim, a mudança fazia lembrar que a infância moderna não era fácil de definir, em particular no meio da adolescência.

A polêmica residual mais curiosa sobre infância e trabalho enfocava serviços de casa. Durante os anos 1920, muitos analistas americanos perceberam que as crianças continuavam a ter utilidade para as famílias em tarefas domésticas, a despeito de nada receberem por isto. Poderiam, entretanto, ajudar a instituir uma ética do trabalho. Na verdade, porém, os afazeres domésticos foram reduzindo-se paulatinamente. As máquinas substituíram o trabalho infantil dentro de casa – por exemplo, fornos a gás substituíram a tarefa de alimentá-los com carvão, máquinas de lavar pratos abreviaram essa tarefa, famílias menores viram a necessidade de cuidar de crianças pequenas diminuída. No entanto, a questão era mais complexa: os pais, particularmente quando as mães começaram a trabalhar fora do lar, geralmente achavam mais fácil fazer o trabalho doméstico eles próprios do que perder tempo ensinando e monitorando os filhos. As pressões para o bom desempenho escolar também fizeram os pais hesitarem em exigir muita ajuda. Conselhos dirigidos aos pais advertiam contra a exploração infantil – como ressaltava um deles: "tenha bastante cuidado em não sobrecarregar a criança com responsabilidades". As próprias crianças passaram a opor resistência, particularmente depois dos 10 ou 12 anos. As meninas trabalhavam mais do que os meninos, e em casas de pais solteiros as crianças ainda trabalhavam bastante (mas o trabalho diminuía bem quando havia um padrasto ou madrasta no núcleo familiar). De qualquer maneira, o trabalho infantil decresceu rapidamente: em 1976, 41% dos alunos do último ano do secundário afirmaram exercer alguma tarefa em casa todos os dias, já em 1999 esse número caiu para 24%. Em muitas famílias, os pais substituíram as crianças como assistentes principais das mães nas tarefas domésticas. Nesse aspecto também, de forma inesperada, trabalho e infância se distanciaram ainda mais.

 Nenhuma dessas mudanças constituiu um grande problema, embora persistisse certa confusão. Muitos pais, apesar de aceitarem a escola como a primeira responsabilidade das crianças, continuavam se sentindo ligeiramente magoados pelo fato de as crianças executarem tão pouca tarefa e se perguntavam qual era seu compromisso com a família. Do ponto de vista das crianças, afastar-se do trabalho significava também afastar-se da maturidade. Para os que se identificaram prontamente com a escolaridade, isso pode ter passado despercebido. No entanto, alguns jovens permaneciam confusos quanto aos seus objetivos, o que pode ter contribuído para problemas com identidade e sentido de vida, tão freqüentes nas análises sobre os jovens contemporâneos em sociedades opulentas.

A contrapartida mais evidente para a diminuição do trabalho era o aumento da escolarização. Vimos que a escolarização tinha se tornado uma experiência universal, tendo mais tarde se estendido para a adolescência e para os adultos jovens. Nos anos 1950, uma perceptível minoria de crianças nos países industrializados ainda deixavam a escola secundária antes de se formar – especialmente os meninos, para quem era mais fácil do que para meninas encontrar trabalho e cuja cultura, pelo menos em alguns casos, era mais resistente à escolaridade. Por volta de 1960, porém, o número de jovens que não completavam a escola secundária tinha caído muito. A escola agora mirava não só a infância assim como a adolescência. Em qualquer lugar do mundo industrializado a freqüência ao ensino pós-secundário se disseminou também. Os Estados Unidos lideravam essa tendência, com mais da metade dos jovens em idade compatível freqüentando uma faculdade por volta de 1970. Em torno de 1990, tendências semelhantes atingiram a Europa Ocidental, Canadá e Japão, países em que a educação superior há longo tempo preservava um *status* de elite. De 40 a 50% dos jovens em idade compatível estavam freqüentando ou universidades ou escolas técnicas avançadas. Como com relação ao secundário anteriormente, o número de mulheres superava o de homens, numa proporção de 55:45 ou mais. Para ambos os sexos, a expansão das experiências e expectativas com relação ao ensino superior impulsionou sensivelmente a juventude a prolongar sua dependência econômica (da família ou do Estado ou de ambos) até os vinte anos, retardando assim a idade adulta. A equação moderna, infância = escolaridade, estava aberta para inovações adicionais.

Além do mais, as exigências da escolaridade com distintas gradações também mudaram, em parte devido à expansão da própria escolaridade. Só no século xx, por exemplo, notas e boletins se tornaram prática comum nas escolas americanas. Antes, prevalecia a livre aprovação ou reprovação. Foram introduzidos novos testes e ampliados os antigos. A junta de examinadores da faculdade introduziu testes vestibulares no curso médio, logo no início do século xx, como forma de selecionar alunos para as faculdades de elite. Seu leque e impacto se ampliaram sistematicamente a ponto de no início do século xxi se tornarem uma espécie de rito de passagem para a maioria dos jovens da classe média, alguns dos quais se submeteram a eles várias vezes, participando de cursos de preparação abarrotados de estudantes, num esforço de melhorarem as notas. Os testes proliferaram ainda mais na Europa e no Japão. Os testes e os relatórios dos professores ajudaram a classificar jovens no caminho para o secundário por volta dos 11 anos – e garotos que não se saíam bem no curso preparatório para a faculdade encontrariam dificuldades em conseguir aprovação. Outra batelada de testes ficava para o final do secundário, como base para entrada e matrícula na faculdade. Os nomes variavam – níveis A e O na Grã-Bretanha, bacharelado ou bac na França –, mas a pressão era imensa. Compreensivelmente, passar nos exames acabava, no mais das vezes, em grandes celebrações juvenis, com demonstrações de rua, tumultos em Paris ou bebedeiras e uso de fantasias na Rússia pós-soviética.

A mudança envolvia tanto a experiência da infância quanto as percepções e ansiedades dos adultos. Estimular o rendimento escolar tornou-se um aspecto vital da atitude dos pais. Isso podia significar a escolha de atividades nas férias convenientemente aumentadas ou o afago materno para acolher os desabafos das crianças nas famílias japonesas. Submeter crianças pequenas a testes de inteligência para descobrir seu potencial e determinar possíveis desvios era outra forma de avaliar os filhos. Com a disseminação de procedimentos para inseminação artificial de casais não-férteis, o sucesso escolar começou a conformar um critério de selecionar doadores (altura, boa aparência e, embora geneticamente irrelevante, formação religiosa). Doadores de esperma – ou óvulos – eram de preferência os que tivessem altos QIs e diplomas de faculdades importantes. Todas as sociedades, sem dúvida, valorizavam a percepção de inteligência das crianças, mas agora isso se tornara, na prática, uma obsessão de adultos e a auto-percepção para as crianças também.

Em vista dessas mudanças não é de se surpreender que houvesse indefinições. Pais da classe trabalhadora britânica depositavam em geral muita expectativa no sucesso escolar de seus filhos, imaginando-os doutores ou advogados, mas de fato pouco faziam para ajudá-los e com freqüência mostravam pouco interesse nos resultados e atividades escolares. O fato é que as diferenças de classe eram cruciais na equação escola-criança. Nos Estados Unidos, onde de há muito se desconfiava de intelectualismos, mesmo a classe média podia se preocupar sobre o impacto de excesso de escolaridade sobre o bem-estar das crianças. Durante a primeira metade do século XX, muitos grupos de pais pressionaram com êxito os governos no sentido de limitar ou mesmo banir a lição de casa, com o argumento de que era imposição desnecessária de esforço. Mais tarde, os movimentos em prol do aumento da auto-estima infantil e da reconsideração do aumento excessivo da nota média de aprovação mostraram a mesma preocupação. Métodos de humilhar, como expor as notas em público, foram proibidos. Muitas escolas fizeram esforços para incutir na mente dos diferentes tipos de crianças o valor da recompensa. As escolas secundárias, por exemplo, começaram identificando múltiplos oradores de turma – 16, num caso na Califórnia – a fim de reduzir sensibilidades feridas. Recompensa pela freqüência e atitudes de cidadania destacaram outra categoria de alunos. Crachás do tipo "Eu sou um aluno de honra no Crestview Elementary" constituíram um desdobramento do movimento pró-auto-estima. Os Estados Unidos eram o epicentro dos movimentos de auto-estima. Sistemas na Grã-Bretanha e em outros lugares começaram a adotar uma linguagem e políticas semelhantes. A adequação das crianças, e seus pais, ao enfoque da escolaridade era um processo em andamento.

A adoção disseminada de taxas mais baixas de natalidade tornou-se simplesmente um fato da vida em sociedades industrializadas. Em toda parte, no modelo moderno, famílias pobres tendiam a ter famílias maiores do que as da classe média, uma inversão dos padrões pré-modernos, refletindo diferenças de conhecimento sobre métodos de controle da natalidade e, provavelmente, a crença persistente de que as crianças podiam ser úteis economicamente no nível mais baixo da escala social. Às vezes, os governos também encorajavam famílias mais numerosas. A França, por exemplo, adotou a política em favor do aumento da natalidade nos anos 1930 e novamente depois da Segunda Guerra Mundial, preocupada com os baixos níveis populacionais que, entre outras coisas, afetava o poderio militar. Parte dos gastos do Estado francês de bem-estar social incluía pagamentos a pais que tivessem mais de dois filhos. Outros governos europeus também ofereceram programas semelhantes, embora menores. O resultado pode ter sido uma redução mais lenta dos índices de nascimento, mas não sua interrupção, visto que os governos, pelo menos nas sociedades industrializadas, na verdade não podiam regulamentar as decisões dos pais sobre o tamanho da família.

A anomalia mais curiosa do padrão de redução da taxa de natalidade foi o *baby boom* do final dos anos 1940 até início dos anos 1960, liderado pelos Estados Unidos e com repercussões mais modestas na Europa Ocidental. Por mais de uma década, famílias de classe média começaram a ter de três a quatro filhos, em geral com pouca distância entre eles, a um tempo em que as famílias operárias relaxaram nos cuidados em reduzir o número de filhos. Em parte, refletia uma reação à Grande Depressão, quando as famílias não podiam satisfazer seus desejos. Foi também uma decorrência da Segunda Guerra Mundial. A prosperidade crescente pós-guerra permitiu a muitas famílias planejar um número maior de filhos, ampliando os subúrbios, que por sua vez puderam sustentar o ideal de uma família maior. Apresentações da mídia estimularam a idéia de famílias estáveis e a concentração na maternidade. Muitas mulheres verteram sua energia não só para aumentar a prole como também em participar de comitês escolares e outras instituições destinadas a dar assistência às crianças. Por outro lado, o *baby boom* lotou as escolas e causou outras tensões, que tiveram um papel na explosão do protesto estudantil nos Estados Unidos e na Europa Ocidental durante os anos 1960.

O *baby boom* durou 15 anos. Os custos de manter mais crianças entravam em choque com interesses de consumo. Muitas mulheres nitidamente se cansaram de tal grau de obrigações familiares e do isolamento que ser mãe no subúrbio implicava. Com um texto pioneiro que fazia reflorescer o feminismo americano, Betty Friedan, autora de *A mística feminina,* atacava diretamente o modelo de família dos anos 1950 denunciando as distorções da vida das mulheres. A afluência das mães ao mercado de trabalho concorria diretamente com a taxa de natalidade, tendo o trabalho por fim saído vencedor. Os índices seguiram sua tendência de queda. Por volta de 2000, muitos países europeus, Espanha e Grécia à frente, tinham taxas de natalidade tão baixas que, sem a imigração, os níveis demográficos na verdade começariam a declinar. Apesar da curiosa interrupção anteriormente mencionada, o modelo moderno parecia estar consolidado.

Baixas taxas de natalidade tinham suas próprias conseqüências, é claro, ampliando os impactos que já tinham vindo à tona na transição demográfica do século XIX. Muitos pais davam demasiada atenção aos filhos, enchendo-os de presentes e dedicando-se a cuidadosas conciliações a fim de promover seu sucesso escolar. As baixas taxas de natalidade tiveram ainda outras decorrências para as crianças ricas. Famílias menores significavam poucos irmãos para interagir. Isso podia promover um contato maior com os adultos (pais ou pessoas que cuidavam delas) na primeira infância, e certamente encorajava maiores ligações com amigos da mesma idade, geralmente na escola. Muitos pais mostraram crescente preocupação com as rivalidades entre irmãos, à medida que a média de dois filhos por família estimulava a disputa pela atenção dos pais, embora a preocupação pudesse se sobrepor aos verdadeiros problemas. Na verdade, os irmãos deixaram de ter tanta importância na vida da criança simplesmente porque eles eram poucos.

Em geral, as baixas taxas de natalidade fizeram avançar a redefinição de faixas etárias, de modo a poderem afetar a visão da infância por parte da sociedade. Tendo o *baby boom* como breve intervalo, o número de crianças declinou rapidamente como porcentagem da população total no mundo industrial, e ao mesmo tempo, graças à maior expectativa de vida, a porcentagem de pessoas idosas aumentou. Compreensivelmente, programas de saúde e previdência passaram a dar mais atenção aos mais velhos. Apesar de esse fenômeno não ter prejudicado necessariamente as políticas públicas da questão da criança, teve algum efeito. Durante as últimas três décadas do século XX, por exemplo, a porcentagem de idosos abaixo da linha da pobreza caiu nos Estados Unidos graças acima de tudo aos programas de aposentadoria, enquanto a porcentagem de crianças nessa categoria aumentou. Em decorrência disso, os idosos começaram a tirar vantagem do processo político, aumentando a participação nas eleições; em contraste, cidadãos jovens se mostraram cada vez mais desinteressados em eleições, talvez porque os assuntos políticos mais importantes não os afetassem. Contudo, essa disparidade na participação eleitoral contribuiu para distanciar politicamente adultos e jovens.

Curiosamente, então, a queda das taxas de natalidade fez crescer a atenção dos pais sobre as crianças individualmente e ao mesmo tempo limitou os recursos e as políticas voltadas para as crianças em geral. Este é um dos grandes desafios para as sociedades industrializadas no século XXI.

Por fim, concluindo a implementação do modelo moderno, todas as sociedades industriais continuaram a experimentar rápidas reduções nas taxas de mortalidade infantil, particularmente, é claro, na primeira infância. Esse padrão só foi desafiado, e brevemente, durante o envolvimento em guerras e desastres naturais. Esta foi uma área em que o compromisso social permaneceu rigoroso: as crianças não deveriam morrer e as sociedades industrializadas encaminharam massivos recursos para manter vivas as crianças.

Compreensivelmente, mesmo com determinada tendência que qualquer um poderia adotar, houve anomalias e problemas. Ainda que as taxas de mortalidade caíssem em todos os grupos, a desigualdade social se mostrava mais nitidamente. A taxa de mortalidade infantil entre os negros nos Estados Unidos geralmente era três vezes maior que a dos brancos, devido à pobreza, menos acesso à medicina e gravidez adolescente com maiores riscos. (Os negros também tinham taxas desproporcionalmente altas de mortes por violência na adolescência.) Por outro lado, alguns observadores questionavam que algumas crianças eram mantidas vivas a um custo muito alto ou com perspectiva de se tornarem um adulto muito doente. O compromisso disseminado de manter as crianças vivas tornou, sem dúvida, mais difícil aceitar as mortes que ocorressem. Nos Estados Unidos, poucos casamentos puderam sobreviver à morte de um filho, em contraste com o século XIX, quando o pesar ajudava a família a permanecer unida. A idéia de que alguém deveria ser culpado pela morte de uma criança era difícil de enfrentar. Difundiu-se o apoio psicológico às crianças que presenciaram alguma morte – por exemplo, no caso da morte de um colega. Toda a questão do relacionamento entre criança e a morte mereceu nova atenção. Durante os anos 1920, muitos especialistas afirmavam que as crianças precisavam ficar longe do luto e dos funerais, e ainda que essa atitude tenha ficado neutralizada um pouco nos anos 1970 a preocupação persistiu. Uma creche chegou a banir referências a pintar – *dyeing* – os ovos de Páscoa (não haveria problema em escrever "colorir"), para que as crianças não ficassem traumatizadas com a palavra. Muitos especialistas sustentaram que as crianças contemporâneas não conseguiam entender a morte, porque não tinham mais qualquer tipo de contato com ela. As implicações psicológicas para a infância foram curiosas.

Houve, porém, alguns novos problemas. Novos equipamentos provocaram acidentes inéditos em crianças. Artefatos domésticos podiam ser perigosos e os carros passaram a ser uma ameaça. Em decorrência, enormes campanhas foram desenvolvidas de 1920 em diante para manter a segurança das crianças. Boa parte delas consistia em atribuir mais responsabilidade aos pais, embora artefatos como cintos de segurança ou tampinhas de garrafas "à prova de crianças" também surgissem. Os Estados Unidos foram bastante longe em impor restrições de segurança às crianças, com uma exceção reveladora: a dependência americana do automóvel estimulou testes muito fáceis para motoristas, e numa idade relativamente nova, comparado com Europa ou Japão. O ato de dirigir e a adolescência tornaram-se parceiros íntimos nos Estados Unidos, com taxas de acidentes que se configuraram na causa maior de mortes entre adolescentes. Em contrapartida, a maioria dos países europeus proibiu a carta de motorista antes dos 18 anos. Morte e infância ficaram afastadas nas sociedades industriais do início do século XXI, mais do que tinham sido em qualquer momento da história da humanidade, mas os problemas permaneceram.

---

* N. T.: Esse termo é impossível de se traduzir. *Dyeing* significa "tingir, pintar", e em inglês tem som muito semelhante a *dying*, que significa "morrendo". No caso, o termo "pintar" teria de ser substituído por outro, como *coloring*, para não lembrar "morte" para as crianças.

Três tendências novas ou intensificadas somaram-se às transformações pelas quais passou a infância nas sociedades industrializadas avançadas durante o século xx. A primeira envolveu novas formas de instabilidade familiar, em especial o rápido aumento da taxa de divórcios. No final do século, 50% dos casamentos americanos e 35% dos britânicos acabavam em divórcio, coroando um acréscimo que já vinha ocorrendo por várias décadas. A própria instabilidade, é claro, não era nova. Antigamente, as famílias enfrentavam a morte de um dos pais ou ambos, caíam na miséria e viam-se forçadas a encaminhar as crianças para instituições. Essas pressões de modo geral diminuíram no século xx. Havia poucos órfãos de ambos os pais. Todavia, a ruptura familiar propositada sem dúvida afetava de modo negativo as crianças, pois se viam no meio do fogo cruzado dos pais e por vezes lesados economicamente. A lei favoreceu a custódia da mãe por quase todo o século, no entanto após 1970 houve um certo equilíbrio. Lutas ferozes pela custódia podiam configurar uma carga para as crianças. Raras vezes a causa dos divórcios eram as crianças, e por um bom tempo os especialistas afirmavam que era preferível o divórcio ao conflito, porém essa posição foi revista por volta dos anos 1990. No entanto, para muitos pais a própria felicidade era mais importante do que manter a família e resguardar a segurança dos filhos, e isso desafiava a recente posição dos especialistas.

O divórcio e a crescente permissividade sexual alimentavam o fenômeno da paternidade problemática, embora isso não fosse novidade. Grande número de pais de crianças ilegítimas, e não uns poucos pais divorciados, recusava-se a cumprir suas obrigações financeiras com as crianças, algumas vezes abandonando-as totalmente. Vários governos introduziram novas medidas na tentativa de obrigar legalmente a manutenção das crianças, mas o distanciamento, nesse caso, entre pais e filhos não foi sanado. Isso não era toda a história da paternidade no século xx: muitos pais começaram a dedicar novos níveis de atenção aos filhos. Alguns divorciados, com sentimento de culpa, mostravam-se muito generosos em presentear os filhos nas visitas programadas, e isso se constituía em sinal de novo compromisso. Evidentemente, o padrão de instabilidade familiar variou por região e por classe social.

A França, secular mas de tradição católica, tinha menores taxas de divórcio do que a Inglaterra. O Japão, com altas taxas no início do século, viu as famílias ficarem mais unidas.

A segunda nova tendência envolveu sólida reconsideração da disciplina infantil. No início do século xx, especialistas americanos em educação infantil pressionaram os pais a reconsiderar velhos padrões. As crianças eram psicologicamente vulneráveis, na nova visão, e precisavam ser tratadas com cuidado. Não só não deveriam ser amedrontadas, como parte da disciplina, como também não se sentir culpadas, porque isso prejudicaria a auto-estima e ocasionaria futuros problemas. A ascensão da pesquisa psicológica e da psicologia como profissão gerou dramáticos níveis de aconselhamento para pais, muitos dos quais começaram a acreditar que seus instintos eram falhos e a levar em consideração manuais de criação de filhos e revistas para pais, tidos como indispensáveis. Novamente, essa tendência americana se espalhou para outras partes do mundo. Pais modernos passaram a se orgulhar de si mesmos, por discutirem racionalmente com os filhos ou por conseguirem mantê-los afastados de situações que poderiam implicar mau comportamento. No extremo, muitos pais agora recorriam não à disciplina física, evitando até discursos carregados de culpa, e sim a punições chamadas de "justificadas", proibindo a criança de brincar com os amigos ou proibindo algum lazer de consumo por um tempo, de preferência sem criar culpas ou raivas. De sua parte, muitas crianças perceberam que fazer os pais se sentirem culpados era uma boa forma de corrigir o comportamento deles.

Nem todos os pais se ligaram nas recomendações dos especialistas, é claro. No entanto, a disciplina física foi amplamente reconsiderada. A Irlanda ofereceu um estudo de caso interessante. A punição física era recomendada pelos tribunais, tolerada nas famílias e implementada em escolas durante a primeira metade do século, sem grandes discussões. Numa certa sala de aula, alunos levavam chicotadas na palma das mãos quando tiravam notas ruins. Por volta dos anos 1930, ergueram-se vozes contra esse extremo abuso e alguns professores foram chamados a se explicar. Mais críticas surgiram no final dos anos 1940. Um grupo de pais, em Dublin, formou um grupo de proteção às crianças, para divulgar abusos em escolas. Novas leis limitaram punições físicas nos anos 1950 e 1960, embora continuassem a soar vozes a favor da necessidade de palmadas. Por fim, em 1982, a punição física nas escolas foi banida completamente. As penalidades mais severas passaram a ser suspensão e expulsão. As regras do governo insistiam em que os professores tratassem seus alunos "com delicadeza combinada com firmeza e deveriam ter o objetivo de comandá-los com afeição e razão, e não com aspereza e severidade". Mesmo o sarcasmo ou "observações que pudessem minar a auto-confiança do aluno" não eram admitidos.

A tendência foi absolutamente geral. Especialistas em educação infantil de forma quase unânime se posicionaram contra as agressões físicas a partir dos anos 1920. A Inglaterra e uma série de estados americanos (não todos) tornaram crime a punição física nas escolas por volta de 1980. Países escandinavos chegaram mesmo a banir as surras em casa. Mais difusamente, nos Estados Unidos e em outras partes, a definição de abuso infantil tornou-se mais rigorosa e ações que antes podiam passar despercebidas – contusões graves, por exemplo – agora eram criminalizadas. A violência contra as crianças continuava a ocorrer, mas seguramente declinou e, decididamente, a postura da sociedade de forma geral mudou.

Talvez o mais evidente é que o século XX, apoiado nas tendências anteriormente mencionadas, enalteceu a criança como consumidora. Os pais e outros adultos começaram a comprar-lhe muitos presentes, desde a mais tenra infância. No início do século, alguns especialistas aboliram animais de pelúcia para bebês, mas a maioria dos adultos reagiu, com o argumento de que as crianças precisavam ter objetos para amar. Por volta dos anos 1920, pais americanos eram levados a valer-se de itens de consumo a fim de persuadi-las: uma criança, por exemplo, que tivesse medo do escuro podia ser atraída para um quarto com um doce, avançando um pouco a cada noite até que o prazer de consumo tivesse superado a fobia. Feriados e aniversários tornaram-se celebrações de consumo – os especialistas nos anos 1920 sugeriam até dar presentes aos irmãos dos aniversariantes para neutralizar rivalidades. Por volta dos anos 1950, os pais começaram a tomar como sua a responsabilidade de impedir que os filhos se sentissem entediados. O tédio, uma noção moderna em todo o caso, tinha sido anteriormente tratado como uma questão de caráter: as crianças, em particular as meninas, deveriam ser ensinadas a não aborrecer os outros. Agora, no entanto, o aborrecimento mudava para um estado pelo qual alguém outro era responsável, a começar pelos pais. "Estou entediado" tornou-se uma queixa legítima da criança.

Como consumidoras, as crianças desencadearam algumas questões relativas a fontes de autoridade e controle. Muitas crianças gabavam-se de gastar dinheiro – a prática de permitir tal comportamento começou nos Estados Unidos nos anos 1890 e se espalhou. Evidentemente alguns jovens ganhavam seu próprio dinheiro – e por conseguinte tinham acesso direto às mercadorias. Além do mais, a nova mídia, primeiro o rádio e depois a televisão e finalmente a internet, atingiam as crianças diretamente, bombardeando-as com imagens e propaganda. Muitos pais se preocuparam com a interação comercial direta com seus filhos. Os governos vez por outra entravam no circuito e se punham a regulamentá-la – ao estimular a classificação dos filmes de acordo com a idade das crianças ou, como na Suécia, ao proibir anúncios de TV dirigidos a crianças. De forma recorrente, as sociedades modernas foram assaltadas com advertências sobre os terríveis efeitos de quadrinhos, rádio, filmes, videogames – e o argumento comum era que estariam levando as crianças à violência ou a uma sexualidade inadequada. Sem dúvida, o leque de experiências a que as crianças e os adolescentes foram expostos pela mídia ampliou-se sistematicamente. Sem dúvida, o consumismo infantil entrelaçou-se com violência e sexualidade. A extensão desse impacto, no entanto, ainda estamos avaliando. Muitos pais se sentiram divididos: preocupavam-se com o que ocorria com os filhos, mas também tinham outras obrigações e geralmente muita culpa de não poder ou não dar mais atenção a eles. Desse modo, o consumismo ganhou terreno de maneira firme, mesmo nos setores mais pobres das sociedades industrializadas. Ter e querer coisas tornou-se parte central da vida das crianças. Na verdade, muitos aspectos do consumismo desencadearam um mundo especial para as crianças, com músicas, roupas e outros itens próprios, em parte valorizados simplesmente porque os adultos desaprovavam.

O trato imprimido à infância contemporânea tanto se assemelhava como diferia do pacto desenvolvido nas sociedades agrícolas. Nestas, as crianças deveriam trabalhar mas tinham alguns papéis especiais nos festivais como recompensa parcial. Na versão corrente da infância moderna, espera-se que as crianças tolerem a escolaridade, e até se sobressaiam, mas recebem em troca uma abundância sem precedentes de itens de consumo e liberdade.

O consumo progressivo das crianças teve algumas conseqüências. A função dos avós, por exemplo, mudou. Na sociedade ocidental, a maior parte dos idosos começou a manter suas próprias casas a partir de 1920, em vez de compartilhá-la com seus filhos adultos. Nesse sentido, sua interação com os netos pode ter declinado. Algumas famílias continuaram a depender dos avós para tomar conta das crianças, em particular quando a mãe chefiava a família e tinha de trabalhar. No entanto, a imagem dominante dos avós mudou: agora eram pessoas tolerantes para com o consumo, trazendo brinquedos e outros itens para os netos, além de afeto ostensivo, esperando manter contato prazeroso, ainda que breve, com os netos. Era um papel importante e também novo.

Para os adolescentes, o consumismo, em todo o mundo industrializado, vinha associado não só com o imaginário sexual, mas também com mudanças na sexualidade. Nos Estados Unidos, a prática de namorar começou por volta de 1920. Diferente da prática mais tradicional de fazer a corte, namorar envolvia um garoto e uma garota procurando algum tipo de entretenimento dispendioso fora de casa e sem acompanhamento – jantar fora, ver um filme – como centro de um encontro. Haveria algum nível de interação sexual, beijos, carícias, e até mesmo consumar o ato sexual. Em princípio, esperava-se que as meninas controlassem o nível de atividade sexual, supondo-se que tivessem mais constrangimentos sexuais e, certamente, mais a perder se atravessassem o sinal. O namoro não levava necessariamente à relação sexual, mas sem dúvida a atividade sexual aumentou. Por volta dos anos 1950, nos Estados Unidos (antes do que se reconhecia à época ou desde então), taxas de gravidez pré-marital começaram a crescer, tendo havido pressão sobre as garotas "de família" para que escondessem suas atividades. Os anos 1960 trouxeram mais instrumentos de controle de natalidade – a pílula foi o mais importante deles –, o que fez incrementar a tendência de crescente atividade sexual entre pessoas com 15, 16 anos. Houve sem dúvida uma antecipação da idade da primeira relação, em particular para as meninas, embora se apresentassem diferenças individuais e de classe. Por volta de 1960, a idade de casamento começou a subir, em particular na classe média, à medida que as mulheres, assim como os homens, se empenhavam em terminar sua formação e iniciar a vida profissional. O fato fez alargar o período de juventude – que antes era de 15 anos a 20 anos – como tempo para alguma experiência sexual, algumas vezes estimulada também por bebidas e drogas. A mídia comercial refletia, às vezes de forma exagerada, essa impressão de tolerância juvenil.

Surgiram contracorrentes. Para algumas feministas, as jovens agora tinham menos liberdade de rejeitar assédios sexuais, e podiam estar sendo exploradas. Um certo número de jovens reagiu decididamente à liberdade sexual, por razões religiosas ou pessoais, abraçando o celibato até o casamento. Um movimento mais amplo se desenvolveu nos Estados Unidos durante os anos 1990, para estimular os jovens a "dizer não" ao sexo e a outros vícios, e o governo federal investiu bastante em programas que encorajavam a abstinência sexual. Instrumentos de controle da natalidade não foram estimulados oficialmente porque isso poderia facilitar o sexo, mas o acesso a eles não era difícil. A gravidez na adolescência caiu um pouco, mas não se pode afirmar com certeza que a atividade sexual tenha mudado. Campanhas contra o assédio sexual de alunos e contra o estupro refletiam os verdadeiros problemas que a juventude americana enfrentava, e também a aflição que a sociedade sentia frente à nova cultura sexual da juventude. Na Europa e no Japão, a resposta aos novos padrões sexuais foi distinta, uma vez que os instrumentos de controle da natalidade eram mais acessíveis e a gravidez na adolescência caiu significativamente.

Mudanças no padrão de consumo e disciplina tiveram um efeito final, mais visível nos Estados Unidos, mas que afetou progressivamente também a Europa. Por volta de 1980, mas já se anunciando anteriormente, a obesidade infantil tornou-se um problema importante: crianças que tinham a condescendência dos pais ou que satisfaziam a própria vontade com intermináveis refrigerantes e petiscos; crianças cujos hábitos de alimentação não eram monitorados com cuidado porque os pais temiam disciplina-las ou pensavam que a comida pudesse compensar sua ausência; crianças cujas diversões eram cada vez mais sedentárias, graças à televisão e aos computadores, e que geralmente eram levadas de carro para outras atividades – muitas ficaram excessivamente gordas. Uma pesquisa de 1994 mostrou que 25% das crianças americanas eram obesas, mais de 50% acima de 1970; por volta de 2004, o índice subiu 30% mais. Nesse ano, 13% das crianças francesas eram obesas, um aumento de 50% com relação ao início dos anos 1990.

Em 1907, uma autoridade sueca, Ellen Key, declarou que o século XX seria o "século da criança". O lema ganhou muitos adeptos nos Estados Unidos. Com ganhos em saúde e escolaridade claramente visíveis, com o surgimento de novos especialistas, com o avanço dos debates sobre disciplina menos rigorosa e o consumo, a predição de Key era plausível e foi amplamente saudada. De alguma maneira, isso era verdade: as crianças nas sociedades industrializadas eram mais bem educadas, havia menos crianças trabalhando em péssimas condições, havia menos perigo de morrer, apanhavam menos que no século XIX. No entanto, por volta de 2005, poucas autoridades se sentiriam confortáveis com o otimismo de Key. O quadro agora parece bem mais complexo.

Em primeiro lugar, os ganhos haviam trazido novos problemas. Ninguém poderia ter antecipado a obesidade infantil em 1900, entretanto, um século mais tarde isso era inescapável. A taxa de mortalidade tinha caído, mas acidentes trágicos continuavam a ceifar vidas jovens. Havia também efeitos negativos, inclusive problemas de estresse e identidade: todas as estatísticas mostraram que a depressão e os suicídios entre as crianças, em particular adolescentes, subiram marcadamente.

Em segundo lugar, fora os problemas bem objetivos, as preocupações dos adultos em relação às crianças aumentaram de alguma forma, em particular nos Estados Unidos. Ainda que o consumismo tenha trazido novas oportunidades para crianças e pais se entreterem juntos, uma verdadeira fonte de alegria familiar, não é possível estar completamente tranqüilo frente ao consumismo infantil em geral. O aumento da distância entre os adolescentes e os pais, baseado em parte nos diferentes gostos e valores de consumo, é palpável e se constitui em difícil problema para os adultos. As mortes infantis ocorrem em menor número, mas pelo fato de a morte ser agora tão inaceitável as preocupações dos adultos quanto à saúde e segurança não diminuíram. Novas responsabilidades pelo bem-estar emocional e psicológico das crianças, incluindo a necessidade de evitar a irritação (ou se sentir culpado se não se puder evitar), se somaram a esse quadro. O aumento da inescapável especialização é uma faca de dois gumes: embora os pais encontrem conselhos valiosos e conforto nos manuais de educação de crianças, também ouvem que seus próprios impulsos podem estar provavelmente errados, e isso não é fácil de engolir. O avanço da especialização em psicologia levou muitos adultos a questionarem sua própria infância e as formas com que foram criados. Culpar os pais por seus próprios problemas se tornou uma prática bem mais aceita do que antes – e essa foi outra decorrência curiosa. Um fato grave: entre os anos 1950 e 1970 o número de pais americanos que disseram ter prazer na paternidade diminuiu notavelmente. De acordo com as pesquisas de opinião, os casais mais felizes não tinham filhos.

Em terceiro lugar, apesar da retórica difundida sobre as alegrias da paternidade e da maternidade e da graciosidade da criança, sociedades industrializadas tornaram-se nitidamente ambivalentes em relação à questão da infância. Os adultos, claramente, preferiam o trabalho ou seus prazeres independentes de consumo a ter de lidar muito com as crianças – embora também pudessem se sentir culpados no processo. O declínio do número de crianças chama inevitavelmente a atenção, a um tempo em que este fenômeno é conseqüência de novos cálculos econômicos sobre o trabalho e custos das crianças, estimula-se uma reorientação dos interesses. Nos anos 1970, os alemães começaram a identificar um fenômeno que chamavam de *Kinderfeindlichkeit*, isto é, hostilidade às crianças –, manifestada particularmente por casais que evitavam ter filhos. Enquanto os Estados Unidos pareciam um pouco mais amistosos, o número de comunidades de adultos mais velhos que tinham banido crianças, só permitindo visitantes ocasionais, era algo curioso. Começa-se a resolver o relacionamento entre infância e sociedades industrializadas avançadas, que já trouxe muitas vantagens, mas os caminhos parecem bem menos delineados do que há cem anos.

Para saber mais

Viviana Zelizer, *Pricing the Priceless Child* (New York: Basic, 1985); Peter N. Stearns, *Anxious Parents: a history of modern American childrearing* (New York: New York University Press, 2003); Gary Cross, *Kid's Stuff: toys and the changing world of American childhood* (Cambridge, MA: Harvard University Press, 1997) e *The Cute and the Cool: wondrous innocence and modern American children's culture* (New York: Oxford University Press, 2004); Joan Jacobs Brumberg, *The Body Project: an intimate history of American girls* (New York: Random House, 1998); Mary Ann Mason, *The Custody Wars: why children are losing the legal battles and what we can do about it* (New York: Basic, 1999); Howard Kushner, *Self-Destruction in the Promised Land; a psychometric biology of American suicide* (New Brunswick, NJ: Rutgers University Press, 1989); Merry White, *The Material Child: coming of age in Japan and America* (Berkeley: University of California Press, 1994); Muriel Jolivet, *Japan, a Childless Society?* (New York: Routledge, 1997); Roger Goodman, *Japan's "International Youth": the emergence of a new class of school children* (Oxford: Oxford University Press, 1990); Fritz Ringer, *Education and Society in Modern Europe* (Bloomington: Indiana University Press, 1979). Uma coleção comparativa pioneira é Joseph Hawes e N. Ray Hiner, *Children in Historical and Comparative Perspective: an international handbook and research guide* (New York: Greenwood, 1991). Veja também Colin Heywood, *A History of Childhood: children and childhood in the West from medieval to modern times* (Cambridge: Cambridge University Press, 2001).

Os deslocamentos nos séculos xx e xxi: crianças diante da guerra e da violência

Nos últimos cem anos as crianças foram vítimas de grandes horrores em várias partes do mundo. Em outras palavras: muitos dos piores aspectos da história recente atingiram as crianças. Basta lembrar o número assombroso de crianças apanhadas pelo holocausto durante a Segunda Guerra Mundial, trancafiadas em campos de concentração, testemunhando a degradação e morte dos pais, e com freqüência assassinadas nas câmaras de gás. Um milhão e meio de crianças morreram durante o holocausto, das estimadas 1,6 milhão de crianças judias que viviam no continente europeu (fora da Rússia), em 1939. Foram mortas por serem judias, na fúria nazista anti-semita e não porque eram crianças. O fato de serem crianças não lhes deu nenhuma proteção. As muitas guerras sangrentas do século xx, os deslocamentos populacionais que continuaram no século xxi afetando centenas de milhares de crianças, são parte integrante da história recente da infância. A guerra contemporânea tornou indistinta a fronteira entre civis e militares, e isso engolfou as crianças de muitas formas. Novos níveis de ódio manifesto, como o dos grupos étnicos, incitaram ataques diretos a crianças de formas pouco usuais no século xix.

As crianças foram vítimas da barbárie coletiva no passado. Lembremos o destino das que integraram a cruzada das crianças e foram vendidas como escravas. Ataques a crianças, como forma de intimidar os adultos ou destruir o futuro de grupos pelos quais os conquistadores se sentiam ameaçados, não foram invenções do século xx. O século passado, no entanto, foi um dos mais sangrentos em virtude da freqüência e da escala do conflito armado, da rivalidade interna e dos novos níveis do armamento envolvido. Para muitas crianças, o "século da criança" mostrou-se, na verdade, uma péssima época para elas...

O processo começou cedo, com as migrações forçadas, em meio a muito derramamento de sangue, das populações gregas e turcas depois da Primeira Guerra Mundial. E continua até os dias de hoje, nas guerras civis em muitas partes da África e outros lugares.

O tema é parte inescapável da experiência recente de muitas crianças. Ele nos leva a observar sua grande distância da vida da maioria das crianças em sociedades mais bem estabelecidas e as implicações da crescente adoção do modelo moderno de infância. Sem detalhar todos os episódios, este capítulo oferece alguns exemplos do sofrimento físico e psicológico. E descreve algumas das conseqüências mais comuns dos deslocamentos, a exploração do trabalho infantil, a servidão sexual e o surgimento de novos tipos de soldado-criança.

Cabe aqui uma sutileza. Este capítulo trata de aspectos realmente significativos, assim como chocantes, das condições das crianças nas décadas contemporâneas. Mostra a inadequação de muitos esforços internacionais de proteção e declarações bem-intencionadas. Embora as condições não sejam características de todas as crianças ao redor do mundo, demonstram que a expansão da escolarização e do consumismo também não podem ser tomados como plenamente característicos. A grande variedade das experiências das crianças exibe inúmeras complexidades. Em primeiro lugar, alguns horrores similares movem-se furtivamente em sociedades que não estão claramente dilaceradas por guerras ou ódios étnicos, mas sofrem uma tremenda miséria. Ali também a venda da sexualidade infantil, de seu trabalho e até de seus órgãos correspondem a situações desesperadoras. Muitos observadores notaram que, em projetos de erradicação da violência doméstica em Chicago, as crianças negras dos Estados Unidos têm experiências bastante semelhantes às de crianças em zonas de guerra. Em segundo lugar, embora não se deva ter uma visão favorável do destino das crianças em regiões destroçadas pela guerra ou campos de refugiados, nem todas as histórias acabam mal. De vez em quando, uma combinação de intervenção externa com a criatividade familiar produz melhoria inesperada, incluindo certo acesso à escolaridade moderna. Em terceiro lugar, é importante lembrar que as crianças em sociedades mais estáveis, embora protegidas contra mutilações e grande estresse pós-traumático, confrontam-se com seus próprios obstáculos, alguns aparentemente inerentes ao modelo moderno e ao consumismo penetrante.

Há uma divisão na história geral contemporânea entre sociedades sitiadas, com crianças sofrendo atrocidades inimagináveis, e sociedades que se empenham em instalar ou expandir as condições modernas universalmente identificadas de infância. As crianças naquelas sociedades precisam efetivamente de muito mais atenção do que normalmente recebem, pois apesar de algumas declarações poderosas os danos às crianças parecem prosseguir inabaláveis. Os horrores não deveriam, no entanto, nos desviar totalmente das questões mais amenas porém igualmente genuínas enfrentadas pelas crianças em outros cenários.

Nenhum processo no século xx ou xxi eliminou tantas crianças como o holocausto, mas o padrão de violência parece ter se acelerado com a Segunda Guerra Mundial e com as décadas subseqüentes. Muitas crianças foram atingidas pelos cercos da guerra e dos bombardeios de 1939 em diante, uma explosão maciça de violência direta contra civis. Algumas crianças foram enviadas, durante a guerra, para Londres, e houve mesmo um esforço de evacuar algumas crianças de Leningrado (São Petersburgo) antes que fosse cercada e sitiada pelas forças alemãs. Mesmo evacuadas, as crianças enfrentaram problemas sérios, vivendo em lugares desconhecidos, longe da família e sofrendo de enorme sentimento de culpa por terem sido protegidas enquanto outras estavam morrendo. Condições ainda piores afligiam crianças que ficaram sob bombardeios aéreos e tiros de canhão que podiam transformar blocos de edifícios em entulhos. Morte e ferimentos, perda de membros da família, alimentação inadequada e estresse psicológico massivo atingiram muitas delas. O problema não era só europeu: crianças nas cidades chinesas atacadas pelo Japão, e depois crianças de cidades japonesas atacadas por bombardeios americanos viveram a mesma experiência.

Depois da Segunda Guerra Mundial, ataques relevantes a crianças foram logo atenuados. A exceção mais óbvia foi a violência e o deslocamento que cercaram a formação do Estado de Israel e as lutas periódicas com os palestinos que continuam até hoje. Uma das fotografias mais impactantes da guerra do Vietnã mostra uma garota toda queimada pelo napalm americano, correndo nua pela rua (assombrosamente, a menina sobreviveu). A guerra civil subseqüente no Camboja trouxe mais um grande derramamento de sangue.

As crianças estiveram muito envolvidas com a violência na América Central durante os anos 1970, e mais recentemente na disputa relacionada às drogas, na Colômbia. Guerras civis em Mianmar (antiga Birmânia), incluindo ataques-surpresa na Tailândia, constituíram outro centro de conflito. O colapso da União Soviética trouxe violência e deslocamentos em várias nações novas na Ásia Central e no Cáucaso. Conflitos armados na ex-Iugoslávia, combinados com ataques calculados de certos grupos em nome da limpeza étnica, envolveram muitas crianças. Dois ciclos de ataques dos americanos e aliados no Iraque – particularmente na Guerra do Golfo de 1990 e depois na nova invasão em 2003 – e um período de intervenção no qual o suprimento de alimentos e medicamentos esteve limitado pelos embargos alcançaram uma grande quantidade de crianças. Centenas de milhares foram mortas e feridas ou afetadas pela falta de comida ou suprimentos médicos. Mais tragicamente, os vários pontos de conflito na África, convulsionados em larga escala pela guerra civil e contra-ataques do governo, envolveram crianças do Sudão e Uganda até o Congo e o terrível genocídio em Ruanda e outros lugares no centro e no oeste do continente.

Calculou-se – estimativa é tudo o que se tem – que 150 milhões de crianças foram mortas em todo o mundo em guerras e nas guerras civis desde os anos 1970, e outras 150 milhões ficaram aleijadas ou mutiladas. É como se cada criança norte-americana nascida nesse período tivesse sido morta ou ferida. Além do mais, calcula-se que 80% das pessoas mortas nos conflitos no final do século xx e início do século xxi foram mulheres e crianças, em lutas que envolveram relativamente pouca presença de exércitos convencionais formados de homens adultos.

Por vezes, as crianças foram alvos intencionais. Nos anos 1930 e início dos anos 1940, as tropas japonesas capturaram meninas jovens na Coréia, valendo-se de violência para torná-las escravas sexuais. Num bordel militar, 400 meninas serviam a tropas japonesas de 5 mil homens, diariamente. Quarenta anos mais tarde, há registro de que o exército do Camboja assassinou crianças a pauladas diante dos pais, chegando a pregar uma criança de três meses numa árvore. Covas comuns podiam conter centenas de corpos de crianças. Combatentes africanos mataram sua quota de crianças em décadas recentes – um terço dos mortos nos derramamentos de sangue congoleses nos anos 1990 tinha menos de 5 anos, todavia ainda mais freqüentes eram as mutilações – um braço cortado com facão – e estupros de meninas pequenas, com intenção deliberada de ferir e degradar. E em outro campo de batalha 58% dos palestinos feridos em choques com israelenses tinham menos de 17 anos.

As conseqüências da guerra podiam ser perigosas também. Muitos conflitos do século XX envolveram minas terrestres, que poderiam facilmente fazer explodir crianças depois que as batalhas terminavam. Se um garoto cambojano perder a perna numa mina terrestre ao ir buscar água do poço terá de aguardar um ano para conseguir uma prótese porque a fila é imensa.

Grande parte da humanidade sabia que esses episódios eram ilegais. Um dos impulsos mais comuns das pessoas submetidas a ataque, inclusive os iraquianos protestando contra a invasão americana, era dar destaque a fotos de crianças mortas ou feridas, pois se sabia da repercussão que teriam quando expostas à opinião pública mundial. No entanto, a percepção do horror não fez nada para quebrar o padrão.

Durante todo o século e particularmente a partir da Segunda Guerra Mundial, as crianças foram com freqüência forçadas a fugir do cenário de guerra. Milhões de crianças em várias partes do mundo moraram em campos de refugiados durante os últimos 60 anos, em condições variáveis, mas sempre enfrentando uma considerável tensão. Cerca de 4% da população da terra já teve de abandonar suas casas, pelo menos uma vez no último século, incluindo mais de 20 milhões de crianças. Um garoto de 17 anos no Azerbaijão explicou sua fuga com simplicidade: "Deixamos nossa aldeia quando as bombas começaram a cair. As bombas eram como terremotos que não paravam. Você passa muitos anos construindo uma casa e depois, num segundo, ela é destruída".

Os piores campos são aqueles dependurados num recôndito canto geográfico de violência. Um campo na Tailândia é bombardeado pelas forças rebeldes. Dois garotos perdem a mãe no ataque e a vêem morrer à sua frente. Um deles também irá morrer devido a ferimentos em órgãos vitais, o outro teve seu estômago substituído por um saco de plástico.

Além da violência, a maior parte dos campos de refugiados contam com miseráveis suprimentos médicos e de comida. Muitas crianças nesses campos sofrem de problemas de saúde, inclusive doenças sexualmente transmissíveis contraídas em estupros. Excessiva má-nutrição e até completa inanição são comuns. Num campo do Camboja, as crianças só podiam se qualificar para um pouco mais de comida se seu peso estivesse entre os 25% mais baixos de sua categoria – em outras palavras, sofrendo já de séria desnutrição – e perdiam o direito se seu peso passasse um pouco do nível. Muitos campos de refugiados em muitos continentes mostraram as crianças morrendo de fome, inermes, incapazes de autonomamente se mexer.

Muitas crianças em campos ou instituições correlatas perderam os pais, muitas vezes forçadas a vê-los morrer nas mãos de forças rebeldes. No Camboja nos anos 1970 – um país em que tradicionalmente crianças órfãs eram cuidadas por parentes ou vizinhos da aldeia – havia três orfanatos com 1.600 crianças. A guerra destruiu a tradição: por volta de 1974 havia 3 mil orfanatos com 250 mil internos vivendo em condições estarrecedoras, porque as necessidades ultrapassavam em muito os recursos. Devido à morte dos pais ou por terem se perdido deles durante a longa fuga da violência, cerca de 65% dos habitantes de alguns campos de refugiados eram crianças. Esse era o índice, por exemplo, de um campo no Afeganistão constituído de fugitivos do regime Talibã. Em Ruanda, em 1994, cem mil crianças foram separadas dos pais, embora com a ajuda oficial mais tarde algumas famílias tenham conseguido se reunir.

Nos campos de refugiados havia sempre uma imensa tensão entre as crianças deslocadas. Moravam muitas vezes numa região em que não sabiam a língua e em que não tinham a mínima noção de como controlar suas vidas. Num campo de refugiados na Geórgia, 83% das crianças deslocadas tiveram diagnóstico de algum grau de estresse psicossomático.

A vida prolongada num campo despedaçava as famílias, mesmo quando ali chegavam intactas. Pais, particularmente o pai, não tinham recursos, e por isso não mantinham o pátrio-poder tradicional sobre os filhos. Assim, um grande número de crianças tentava se defender sozinho, ignorando apelos dos pais. Algumas meninas vendiam seus corpos. Meninos e meninas reiteradas vezes passavam a roubar. O respeito pelos pais diminuía e eles passavam a se alinhar com outros da mesma idade, substituindo as lealdades. Em outros casos, os próprios pais empurravam os filhos para a prostituição ou roubo, como forma de trazer algum sustento para a família. Muitos pais aprovavam que as filhas vendessem sexo por comida, se conseguissem guardar algumas migalhas para os outros membros da família. E não raramente as próprias tropas designadas para assegurar a ordem eram clientes ávidas de sexo infantil, um problema encontrado em várias expedições das Nações Unidas. A vida das crianças, em suma, podia se arrebentar de todas as maneiras imagináveis, ainda que sobrevivessem à guerra.

Houve alguns finais felizes. Agências das Nações Unidas e grupos de apoio tentaram levar mais do que conforto espiritual, embora a tarefa fosse gigantesca. Freqüentemente, as forças de auxílio organizaram grupos de jovens com o intuito de fornecer alguma organização (normas e propósitos) e objetivos. Por vezes as habilidades adquiridas tornaram-se úteis na vida fora dos campos de refugiados. As comissões de jovens tiveram um papel significativo na recuperação de Kosovo, na ex-Iugoslávia. Muitas agências tentaram criar escolas, embora os suprimentos sempre fossem um problema. Em Kosovo, o Fundo de Amparo às Crianças conseguiu criar escolas para mais de 40 mil crianças.

Por volta dos anos 1990, alguns crimes praticados contra crianças foram levados aos tribunais internacionais. Um homem em Ruanda foi condenado por encorajar e tolerar violência e estupro de crianças. Muitos criminosos de guerra também foram identificados na antiga Iugoslávia, em parte por ações contra crianças. Em outras palavras, havia padrões internacionais que eventualmente podiam se fazer presentes.

Ocasionalmente, também as crianças (em geral junto com outros membros da família) conseguiram sair dos campos para uma vida melhor. Depois de meses, e mesmo anos, muitos refugiados vietnamitas e cambojanos foram aceitos nos Estados Unidos. Alguns conseguiram reconstruir positivamente suas vidas, apesar da miséria por que passaram. Crianças judias que sobreviveram ao holocausto e depois aos campos de refugiados, conseguindo chegar a Israel, foram bem-sucedidas em superar o passado. Em ambos os casos, as oportunidades de escolaridade posterior tiveram papel significativo na recuperação.

Algumas vezes, ainda que de forma mais tímida, as crianças chegaram a ser salvas pelos próprios inimigos. Alguns povos Tutsi de Ruanda, atacados pelos Hutus, simplesmente enviaram as crianças para seus vizinhos Hutus, que acabaram tomando conta delas. Os pais costumavam citar um provérbio local: "Aquele que quer punir um assassino confia a ele os próprios filhos".

Guerras e fugas contribuíram também para expandir o número de crianças-soldado envolvidas diretamente na guerra, o mais das vezes contra a vontade, mas também despojadas de sensibilidade diante da violência ao seu redor. Estima-se que em qualquer ano do final do século XX e início do XXI, cerca de 300 mil crianças portavam armas, particularmente em áreas do sudeste da Ásia e África, e também em locais em conflito da América Latina, como a Colômbia.

Um pouco de perspectiva histórica é vital para entender esse lamentável fenômeno. As crianças serviram com freqüência às forças militares. Um menino de 13 anos, que lutou na Revolução Francesa e foi morto pelas forças reais, recebeu homenagens como mártir da causa, sem qualquer menção de que sua participação num conflito militar fosse inusual ou inapropriada. Boa parte dos soldados na Revolução Americana – no lado patriota, mas também entre alemães mercenários servindo a Inglaterra – eram meninos de 14 ou 15 anos, tendo havido até crianças de 8 anos. Algumas, sem dúvida, foram levadas às batalhas contra a vontade, mas muitas tinham optado por isso. Nas condições da sociedade agrícola, a guerra podia parecer uma alternativa interessante para muitos jovens, uma oportunidade de excitamento e válvula de escape da economia familiar.

Portanto, o que havia de novo nas crianças-soldado? Padrões internacionais distintos, por exemplo. Não parecia mais apropriado, de acordo com a opinião mundial corrente, que crianças se envolvessem no serviço militar. As Nações Unidas concordaram enfaticamente.

Contudo, era também verdade que as crianças-soldado contemporâneas passavam a lidar com armas muito mais letais do que antes. Em número muito maior do que em conflitos passados, elas se viam, quase com certeza, forçadas a entrar nas batalhas. Em número maior, sofriam terríveis conseqüências, como nas doenças sexualmente transmissíveis que podiam matá-las. O furor sobre as crianças-soldado reflete a complexa combinação de novos padrões globais (na verdade pouco eficazes) e uma real deterioração da vida de muitas crianças.

A maior parte das crianças-soldado estava no início da adolescência, algumas tinham menos de 10 anos. A maioria meninos, no entanto, as meninas também eram recrutadas para papéis de apoio, incluindo sexo forçado ou consentido, e algum combate. Na Frente Moro de Libertação Islâmica nas Filipinas, por exemplo, as meninas eram usadas para preparar a comida e prestar cuidados médicos, mas para cada líder destacava-se uma menina para servi-lo sexualmente.

Nessas circunstâncias a coerção costumava ser um fator crucial para a prestação do serviço. O grupo rebelde Unita, em Angola, recrutava à força crianças refugiadas de Ruanda, levando-as para o Congo. Muitas crianças-soldado acabaram enfrentando a violência não só de seus captores, mas também das forças de oposição, que freqüentemente as torturavam a fim de arrancar informações ou como forma de retaliação. O grupo rebelde Tamil, no Sri Lanka, se apoderava de crianças em orfanatos para sua *Baby Brigade* (Brigada infantil). Essas crianças eram geralmente tratadas com brutalidade se caíam nas mãos do governo. Algumas crianças-soldado eram propositadamente expostas à extrema violência e até mesmo forçadas a atacar suas próprias famílias, como iniciação à vida de derramamento de sangue.

Havia outras razões para a prestação do serviço, algumas vezes com a aprovação da família e da comunidade em geral. Muitas crianças palestinas foram levadas à luta formal ou informal em função do que elas percebiam como ataques israelenses à sua sociedade.

E as crianças-soldado podiam se transformar em combatentes inspirados. Um soldado adulto de Mianmar comentou acerca das crianças que enfrentava: "Havia uma porção de garotos correndo no campo de batalha, gritando como *banshees* [no folclore irlandês, um espírito feminino que alerta com seu grito longo e estridente que alguém da sua família está prestes a morrer]. Nós atiramos neles mas eles continuaram investindo". Na mesma tecla, muitas crianças-soldado, uma vez iniciadas na guerra, podiam se tornar brutais, ter prazer com o poder armado adquirido, com as mortes, mutilações e estupros perpetrados sem razão aparente, além de demonstrarem seu poder. As crianças que lutaram, com freqüência acabaram tendo dificuldade de voltar para casa, ainda que tivessem participado dos conflitos à força: o lar parecia monótono, os pais tinham desaparecido, as comunidades, com razão, se mostravam hostis.

Guerra, fuga e transformação em soldados não foram as únicas desgraças para um enorme número de crianças contemporâneas. Ao final do século xx, outro padecimento surgiu, em forma da aids. A doença tinha continuado a desempenhar seu papel na vida de muitas crianças durante o século xx, contudo havia sido controlada pelo surgimento das imunizações e medidas de saúde pública que aprimoraram esse aspecto da vida das crianças. A aids, em algumas regiões, foi a primeira brecha nesse avanço. Por volta de 2000, a doença tinha matado 4 milhões de crianças e deixado órfãs outras 13 milhões. Em particular o sul e oeste da África foram os que mais sofreram. Por volta de 2001, os índices de contaminação dos adolescentes avançaram mais rapidamente do que o de outros grupos etários na África, como resultado da ignorância ou atitude de rebeldia. Muitos homens insistiam em sexo sem a proteção da camisinha e muitas mulheres jovens, ávidas por agradar ou dependentes do homem para sua sobrevivência, sentiam-se impelidas em acatar. A guerra, com suas constantes agressões sexuais, facilitou a expansão das doenças em algumas regiões também. Entretanto, a letalidade das crianças quase sempre decorreu da transmissão das mães aos filhos no nascimento. À medida que as altas taxas da doença se espalharam para outras regiões relativamente pobres, houve temor compreensível de que um dos grandes ganhos da infância moderna poderia ser perdido pelo novo flagelo.

As condições de trabalho pioraram para muitas crianças em vários sentidos e diversos lugares ao longo do século passado, outra tendência contrária ao modelo moderno, tendo afetado a força de trabalho de uma parte das crianças. A deterioração é geralmente associada à imigração, em particular da zona rural para a cidade, um processo que – mesmo quando não está ligado à guerra – pode tanto repercutir como causar novos problemas para as crianças.

A ênfase aqui é na mudança. Desde o advento da agricultura, a maior parte das crianças teve de trabalhar, de modo que o mero fato de trabalhar, o mais das vezes um trabalho árduo, não constitui novidade. E uma parte da percepção da deterioração decorre da implementação de novos padrões mundiais, baseados no modelo moderno de infância: para muitos jornalistas e estudiosos, as crianças simplesmente não deveriam trabalhar, além de pequena ajuda em casa ou nos negócios da família. Deveriam estar na escola. Essa moderna avaliação é importante em si, mas às vezes complica o julgamento do que é novo na exploração econômica das crianças. Mesmo em sociedades tradicionais, algumas crianças podem ter sido expostas a péssimas condições de trabalho, escravidão inclusive. Punições físicas no trabalho, condições desumanas no local de trabalho, pagamentos irrisórios pelo trabalho infantil – são situações conhecidas, não nasceram no mundo moderno.

Eis o cenário básico: embora mais e mais crianças estejam agora excluídas da força de trabalho, uma crescente percentagem das que nela estão encontra-se em situações de exploração, em serviços arriscados que com freqüência deixam de oferecer qualquer subsídio de preparação ou treinamento para a vida adulta. Embora estejam com freqüência tentando ajudar a família, e sejam levadas a essa condição por pais que empobreceram, ficam bastante alijadas de qualquer tipo de orientação ou proteção que a economia familiar tradicional costumava dar. A conseqüência, de fato, não é novidade, visto que as crianças no passado também eram submetidas a sacrifícios no trabalho. No mundo contemporâneo, a situação das crianças que trabalham vem se tornando cada vez mais corriqueira.

Uma observação a respeito envolve local geográfico e condição social. A grande maioria das crianças exploradas no trabalho se encontra nas regiões mais pobres do mundo, não no mundo como um todo. E nessas regiões, pertencem às camadas sociais mais baixas. As crianças trabalhadoras do Peru, por exemplo, são descendentes de índios ou mestiços, não brancas. As crianças que trabalham nas oficinas de tapetes da Índia vieram das castas tradicionais mais baixas, não da população em geral. A exploração do trabalho infantil reflete e confirma, de modo crescente, a condição social inferior, tanto na sociedade global quanto na comunidade a que as crianças pertencem.

A causa fundamental do aumento da exploração econômica do trabalho infantil tem sido o crescente deslocamento de muitas famílias das economias familiares tradicionais na zona rural. Aumento demográfico e concorrência de outras fontes de suprimento impedem muitas famílias de usar crianças trabalhadoras da forma costumeira. A indústria de tapetes na Índia é um desses casos. As crianças durante muito tempo ajudaram na produção de tapetes nas aldeias indianas. No entanto, a produção de tapetes sofreu um processo crescente de transferência para fábricas urbanas. As crianças são amplamente empregadas nessas fábricas por receberem baixos salários – muito abaixo do salário mínimo nacional. Muitas crianças que trabalham com tapetes migraram das aldeias. Algumas haviam sido simplesmente seqüestradas, muitas sofrem agressões, em especial nas mãos e no rosto, como parte da disciplina de trabalho e algumas são marcadas com ferro quente. Podem enfrentar jornadas de trabalho de 15 horas.

Crianças em muitas cidades na África e América Central, novamente incluindo muitos imigrantes das zonas rurais, trabalham como domésticas. Carregam fardos e fazem outros trabalhos na rua. Ajudam a ensacar secos e molhados nos armazéns. Pedem esmolas. Fazem pequenos espetáculos nas ruas, como as crianças que comem fogo no México – aqui e em outros lugares, crianças que executam malabarismos nos cruzamentos estão na parte mais baixa da pirâmide social. Muitas dormem nas ruas. Estão sujeitas a muitas doenças, relacionadas tanto com o trabalho quanto com a moradia. Algumas se envolvem com drogas. E estão expostas a muita violência policial.

No Togo, ex-colônia francesa na costa ocidental africana, a natureza da aprendizagem mudou, refletindo novos problemas da economia tradicional. A falta de trabalho adequado na zona rural forçou famílias a buscarem ocupações mais urbanas para os filhos, de sorte que o número de aprendizes cresceu rapidamente – cerca de 23 mil em 1981 nas cidades, em áreas como vestuário e construção. Esse incremento representou uma vantagem para os patrões, que empregaram mais famílias, usando as crianças de maneira crescente como fonte de trabalho barato e sem habilitação, ignorando qualquer objetivo de capacitá-las. Os aprendizes acabam fazendo trabalhos domésticos para seus empregadores ou são levados a vigiar a oficina à noite. Alguns negócios pequenos têm até 80 aprendizes, alguns com menos de 15 anos, quase todos fora da escola. Essa cifra impede qualquer pretensão de treinamento: o objetivo é trabalho mal remunerado acompanhado de maus tratos a fim de manter a obediência. Outro caso de infância brutalizada, sem um trampolim nítido para a maturidade. Os argumentos para justificar a exploração são poderosos.

Muitas crianças, durante os últimos cem anos, têm sido vítimas de vários fatores correlatos. Mudando de cidade, muitas crianças perderam a proteção da família ampliada e da solidariedade comunitária. Muitas delas, particularmente as mulheres, podem se ver às voltas com sexo ocasional ou descambar para a prostituição. Isso, é claro, as coloca e qualquer filho que venham a ter, sob grande risco de doença. Crianças órfãs têm menos escolhas econômicas à disposição, o que as acaba levando para trabalhos mais perigosos e degradantes. Quando a guerra ou o deslocamento se interpõe, a situação pode se tornar desesperadora.

É impossível calcular o número de crianças atingidas por um ou mais desastres do mundo moderno, em parte porque muitas morrem antes de chegar à idade adulta, vítimas da violência ou de doenças. Índices foram estimados para cada tipo de problema, da guerra à aids. Cumulativamente, apenas uma minoria das crianças no mundo se viram envolvidas nos piores horrores. Para elas, é evidente, o modelo moderno de infância, com todos seus problemas e promessas, resultou totalmente inacessível. Pelo contrário, foi contestado pelo aumento dos índices de mortalidade e de trabalho mais intenso. As condições contemporâneas dividiram a infância em dois tipos distintos de experiência, com alguns tipos intermediários entre os dois extremos. Umas poucas crianças – que com sorte estão na escola ou refugiadas em campos, por exemplo – conseguiram mudar de um tipo de infância para outra. Outras, vítimas de conflitos inesperados como os da antiga União Soviética ou Iugoslávia, foram privadas de expectativas de escolaridade e lançadas a uma vida de fugas.

Para terminar, uma última consideração. Nas últimas décadas do século xx, novos níveis de contato entre quase todas as sociedades do mundo, geralmente entendidos como globalização, trouxeram novos elementos importantes para a infância. No próximo capítulo vamos examinar as conseqüências disso. Infelizmente, ao mesmo tempo que adicionou ingredientes interessantes ao modelo moderno de infância, a globalização também intensificou a deterioração econômica de muitas crianças, e não cicatrizou, pelo menos até este momento, as feridas das invasões, da guerra e da doença. A divisão da infância persiste.

Para saber mais

James Garbino, Kathy Kostelny e Nancy Dubrow, *No Place to Be a Child: growing up in a war zone* (Lexington, MA: Lexington Books, 1991); James Marten, ed., *Children and War: a historical anthology* (New York: New York University Press, 2002); Graça Machel, *The Impact of War on Children* (New York: UNICEF, 2001); Marc Vincent e Birgette Sorenson, eds., *Caught between Borders: response strategies for the internally displaced* (London: Pluto Press, 2001); Bernard Schlemmer, ed., *The Exploited Child* (London: Zed Books, 2000); Rachel Brett e Irma Specht, *Young Soldiers: why they choose to fight* (Boulder, CO: Lynne Rienner, 2004). Veja também o site da entidade *Human Rights Watch* sobre abusos de crianças, http://www.hrw.org.campaign/crp/promish/index.litml.

Globalização e infâncias

Dois acontecimentos no final do século xx conduziram a uma nova era de globalização – ou seja, uma era de contatos e interações intensas entre as sociedades de todo o mundo. O acontecimento mais óbvio, com impacto direto nas crianças e na juventude, foi tecnológico: a TV por satélite facilitou a comunicação global, incluindo redes como MTV, cruciais na divulgação de pelo menos uma versão da cultura jovem internacional; em 1990, a introdução da internet, um meio sem precedentes de contato entre os jovens de sociedades tão diferentes como Estados Unidos e Irã. O segundo acontecimento foi político: a decisão primeiro da China, depois da Rússia, de abrir novos tipos de contatos internacionais. A Guerra Fria tinha terminado. As multinacionais expandiram seu alcance, criando progressivamente mais economias de mercado.

A globalização contemporânea não seria, é claro, um processo simples. E não inteiramente nova, mesmo em seu impacto sobre a juventude e a infância. A propagação dos esportes – como futebol e beisebol – globo afora, como parte das aspirações desportivas e de vida de jovens da América Latina à Ásia, tinha começado no final do século xix. Outro elemento de complexidade: a globalização provocou novos tipos de resistência, algumas das quais em grupos juvenis. Alguns grupos muçulmanos, por exemplo, temeram o impacto da globalização em suas tradições, encarando-a como uma nova forma de domínio do Ocidente. Grupos de jovens no Ocidente e no Pacífico declaradamente se preocuparam com o impacto da globalização nas condições de trabalho e no meio ambiente. Não era garantido que a globalização triunfaria sobre as várias manifestações de oposição. No Ocidente e no Pacífico, pesquisas de opinião mostravam que os jovens eram mais favoráveis à globalização em geral do que adultos mais velhos, orgulhando-se de sua tolerância e abertura para as novas idéias. No entanto, na América Latina, África e outras partes da Ásia, jovens e adultos concordavam com certa cautela. O terceiro elemento de complexidade consistia na ênfase da globalização em crescentes contatos internacionais que não apontava para uma única direção, e isso era de grande importância para a infância. A globalização econômica, por exemplo, piorou a condição de trabalho de algumas crianças. No entanto a globalização política – isto é, o crescente alcance das organizações não governamentais e organizações internacionais – se encaminhou para uma defesa crescente dos direitos das crianças.

A globalização não assumiu o comando da infância. Padrões regionais importantes permaneceram e as tendências antigas incorporadas no modelo moderno de infância, já bem adiantado, persistiram amplamente. Aspectos-chave da globalização na verdade forneceram novo suporte para esse modelo, como veremos. No entanto, a globalização merece uma consideração à parte como força nascente na história da infância, que criou espécies de mudança e resistência no final do século XX e início do século XXI. Quatro facetas da globalização tiveram particular impacto: novos padrões de migração; empenho de grupos políticos internacionais; globalização econômica, ou crescente envolvimento de quase todas as regiões do mundo no processo comum de produção, juntamente com a retração de economias patrocinadas pelo Estado; e globalização cultural, ou expansão do consumismo global.

A migração não era algo novo e sempre teve conseqüências para as crianças. Crianças imigrantes nos Estados Unidos por volta de 1900, por exemplo, desempenharam um papel especial como intermediárias entre os pais, cujo inglês era geralmente ruim, e a nova sociedade em que trabalhavam e que lhes proporcionava escolaridade. Era um desafio e por vezes uma experiência animadora, embora muitas vezes confusa para os pais. Ao mesmo tempo, os preconceitos que logo apareciam, visavam às crianças imigrantes. As oportunidades de emprego podiam ser limitadas por preconceito étnico, e as atividades de gangues emprestavam tensões às vidas dos jovens urbanos em bairros de imigrantes.

Dois aspectos da imigração no final do século xx, bastante associados com a globalização, juntaram-se a esse quadro, ao lado de elementos já conhecidos. Primeiro, a imigração ocorreu de enormes distâncias e envolveu pessoas de diferentes culturas. Paquistaneses e indianos ocidentais foram para a Inglaterra. Turcos e norte-africanos criaram grandes minorias muçulmanas na França, Alemanha e Holanda. Filipinos e palestinos reuniram-se nos Estados ricos do Golfo Pérsico. Latinos e asiáticos criaram novas diversidades nos Estados Unidos. Nessa circunstância, o papel das crianças como intermediárias entre os pais e a nova sociedade tornou-se não só mais significativo como também mais exigente. Situações de choque de gerações dentro da comunidade de imigrantes foi num crescendo a partir de questões como o namoro ou a maneira de se vestir das garotas. As oportunidades de expressar preconceito também se multiplicaram. Muitos imigrantes jovens na Inglaterra enfrentaram crescente hostilidade, pontuada por total violência e conflitos raciais. Como resposta, surgiram, por exemplo, as gangues juvenis latinas nas duas costas dos Estados Unidos, no início do século xxi, e as gangues indianas (asiáticas) na costa ocidental do Canadá. Diferentes estilos de música jovem como o reggae trazido das Índias Ocidentais e o punk rock, por vezes racista, expressavam criatividade mas também a óbvia tensão nessa mistura de grupos de jovens em cenários urbanos.

A segunda inovação para alguns imigrantes jovens continha a crescente possibilidade de fazer visitas a seus países de origem, graças a passagens aéreas relativamente baratas e outras facilidades. Indianos e paquistaneses voltaram com freqüência para suas terras natais, nas férias, preservando os laços com as famílias ampliadas, tendo oportunidade de estabelecerem acertos de casamento. A oportunidade para que jovens se tornassem "biculturais" cresceu, convertidos que estavam a duas culturas, mudando de uma para outra com facilidade. Isso também podia incluir jovens que não haviam imigrado mas tinham contatos com os primos que imigraram o que lhes dava familiaridade com hábitos de outras sociedades. E aqui temos outro estímulo para a globalização, embora não ligado a um único modelo cultural.

Os esforços de organizações internacionais para assistir às crianças e remodelar a infância começaram em conseqüência da Segunda Guerra Mundial – um sinal da globalização política e da crescente força da opinião pública humanitária. Uma diversidade de grupos passou a distribuir comida e outros auxílios para as crianças deslocadas pela guerra, incluindo crianças de nações antes inimigas. O empenho estava voltado principalmente para a Europa e o princípio de caridade internacional especial tendo por alvo as crianças foi ganhando terreno. Depois da Segunda Guerra Mundial esse movimento floresceu em grandes esforços para os refugiados e para as crianças de países pobres. Organizações privadas como Save the Children Fund (Fundo de Amparo às Crianças) e entidades políticas ligadas às Nações Unidas solicitaram ajuda e distribuíram fundos e produtos. As necessidades das crianças pobres sempre ultrapassaram as disponibilidades de doação, porém a ajuda era significativa assim como os novos princípios envolvidos.

Na década de 1920, também a Organização Internacional do Trabalho (OIT), filiada à Liga das Nações, começou a aprovar resoluções contra o trabalho infantil até a idade de 15 anos. Obviamente, o objetivo era de estender o critério, comum nas sociedades industrializadas, para o mundo todo. Esse esforço foi também ampliado sob a tutela das Nações Unidas, depois da Segunda Guerra Mundial. Uma série de conferências e resoluções criticou o trabalho em excesso, conclamando o direito da criança à educação. As Nações Unidas esboçaram declarações formais sobre os direitos das crianças (a Convenção sobre os Direitos das Crianças foi realizada em 1989) com os quais a maioria das nações concordou, pelo menos em princípio: os objetivos principais eram a promoção da saúde, prevenção de abuso, acesso à educação, além de outros direitos padrões como liberdade de religião e expressão – uma lista familiar, mas agora concebida em termos de uma visão global.

Um enfoque central por volta de 1990 foi o esforço de banir a execução de crianças e adolescentes por prática de crimes, tendo virtualmente todas as sociedades do mundo aceitado esse acordo, com exceção dos Estados Unidos. A Organização Mundial da Saúde trabalhou ativamente para promover a sobrevivência e o bemestar das crianças e uma série de aprimoramentos ocorreram sob seus auspícios – desde a vacinação contra doenças tradicionais como a pólio, até programas educativos destinados a melhorar os cuidados maternos com as crianças. No final dos anos 1970, a opinião mundial, bem como as organizações internacionais, passaram a estar ativamente envolvidas em, por exemplo, acusar a companhia Nestlé por distribuir fórmulas de leite infantil em regiões em que água contaminada e ignorância dos pais levavam a maiores taxas de mortalidade comparadas com as regiões em que a amamentação era natural. Depois da resistência inicial à campanha internacional, a empresa revisou dramaticamente sua posição nos anos 1980. Outros programas das Nações Unidas trabalharam ativamente para promover algum tipo de controle demográfico, no sentido de preservar a estabilidade econômica e ao mesmo tempo o bem-estar das crianças: uma conferência importante em 1996 alcançou um acordo nesse sentido, apesar das tensões com autoridades religiosas no mundo islâmico e da igreja católica. Mais educação para as mulheres foi particularmente recomendada como forma de reduzir a pressão populacional. Finalmente, uma série de agências das Nações Unidas e privadas trabalharam para difundir os princípios mais atualizados de educação e criação de crianças, muitas vezes valendo-se de materiais que incentivavam os pais a dar mais atenção aos filhos individualmente.

O compromisso de um grande número de pessoas bem-intencionadas, principalmente de países mais ricos, com uma visão global dos direitos, saúde e proteção das crianças, foi de modo geral parte importante da globalização. A idéia de direito das crianças era novidade em qualquer sociedade, mas a noção de um acordo internacional foi pelo menos comovente. Podia vir a ter efeitos importantes mesmo à parte das declarações altissonantes. Em 2003, por exemplo, os Emirados Árabes Unidos baniram o uso de crianças como jóqueis de camelos de corrida – durante muito tempo eram selecionadas para essa função por serem leves e amarradas aos enormes animais, apesar de seu evidente pavor. Nesse caso havia um padrão estabelecido que foi levado em conta por uma nação desejosa de alcançar contatos internacionais e desempenhar um papel global de sucesso. Os Estados Unidos também foram afetados. A Suprema Corte, em 2005, sustentou que os menores não podiam ser submetidos à pena capital – um tema em que os Estados Unidos diferira por muitas décadas de quase todos os países do mundo. Essa decisão foi tomada com base em padrões legais internacionais. De forma mais geral, ao lado de uma imitação do modelo moderno de infância por governos individualmente considerados, o movimento global de defesa das crianças ajuda a explicar o constante (ainda que variado) declínio da taxa de natalidade, e ainda mais o declínio da mortalidade de recém-nascidos e crianças. O mesmo se aplica à redução sistemática do trabalho infantil nas décadas finais do século XX, e o aumento consistente da porcentagem de crianças que passaram a receber pelo menos alguma educação.

Houve, no entanto, importantes limitações no âmbito da ação global voltada para as crianças. Em primeiro lugar, uma campanha em 1974 para conseguir concordância global sobre a eliminação do trabalho infantil abaixo dos 16 anos fracassou, porque não houve número necessário de signatários. Muitos países pobres acreditavam que suas economias dependiam de certa forma do trabalho infantil barato, e que muitas famílias pobres tinham essa necessidade. Países como os Estados Unidos recusaram-se a assinar também, tanto porque dependiam do trabalho infantil entre os trabalhadores imigrantes da agricultura quanto devido a uma resistência geral à violação internacional à liberdade de ação nacional. Um acordo substitutivo, ocorrido em 1989, embora mais modesto, foi importante: o abuso extremo do trabalho infantil ficava interditado em princípio, com enfoque específico na exploração sexual, venda de crianças para pagar dívidas da família e utilização de crianças em forças militares. A maioria dos países assinou esse documento. Houve também desacordos sobre o controle da natalidade, com os Estados Unidos retendo, a partir de 1980, fundos de agências internacionais que distribuíam produtos de controle da natalidade ou que de alguma forma sustentavam o aborto. A oposição de católicos e islâmicos reforçou essa polêmica.

Além dos desacordos, muitas medidas políticas internacionais deixaram de alcançar seus objetivos porque os problemas eram severos demais ou porque regiões específicas simplesmente ignoravam os princípios firmados, às vezes mesmo quando haviam assinado a convenção internacional para mostrar ao mundo que permaneciam atualizadas e civilizadas. Desse modo, o trabalho infantil na verdade aumentou no sul e sudeste da Ásia no final do século xx, apesar da grande oposição internacional. Conflitos locais quanto ao controle da natalidade colocou esposas contra maridos, médicos contra padres. E enquanto a taxa de natalidade de forma geral caiu, com reduções importantes na América Latina e, por certo, na China, altas taxas persistiam na África e em muitas regiões islâmicas. Houve uma enorme disparidade, como foi visto no capítulo "Os deslocamentos nos séculos xx e xxi: crianças diante da guerra e da violência" entre declarações de direitos internacionais e o real tratamento das crianças em casos de guerra e conflito civil. Ativistas dos direitos humanos empenharam-se em mitigar os efeitos da guerra, com sucesso eventual, contudo não havia como acompanhar a magnitude do problema. Influências globais na questão da criança eram incontestáveis, mas não havia uma voz global única e eficaz.

A globalização da economia fez crescer bastante a complexidade desse quadro. Não apenas níveis de comércio, como também sistemas básicos de produção mudaram com esse eixo central de desenvolvimento. Multinacionais sediadas nos Estados Unidos, Europa Ocidental e orla do Pacífico começaram a montar unidades de produção onde quer que conseguissem custos favoráveis, regulamentação ambiental e, é claro, recursos básicos e sistemas de transporte. Produtos complexos como automóveis eram montados a partir de partes fabricadas na Ásia, Américas e Europa. Para itens mais simples como os têxteis, imensas empresas de vendas como a Gap ou Nike terceirizavam a gerência de suas fábricas instaladas em países como Indonésia, Vietnã e Lesoto.

As condições de trabalho nas multinacionais nem sempre eram boas – as corporações buscavam áreas de baixos salários e muitas vezes economizavam nos equipamentos de segurança, ao mesmo tempo que exigiam enormes jornadas de trabalho. Empregavam relativamente pouco trabalho infantil. Apenas 5% das crianças que no início do século XXI trabalhavam de alguma forma permaneciam ligadas à economia global. Os impactos da globalização econômica eram mais indiretos, porém imensos. Havia duas pressões importantes. Em primeiro lugar, a produção global deslocava freqüentemente para outros países a manufatura tradicional em que as crianças e jovens estavam empregados. Com o contínuo aumento da população em lugares como África e Oriente Médio, ocorreram maciças taxas de desemprego juvenil – nas cidades, cerca de 30% ou mais era um índice comum. Esse fato se tornou uma fonte importante de várias formas de agitação entre os jovens, incluindo participação em extremismos religiosos e movimentos políticos. A segunda conseqüência da globalização econômica consistiu numa redução constante dos programas sociais de governos em sociedades como Brasil ou Índia. A filosofia reinante defendia economias de mercado mais livres em vez de gastos de governo, e agências como o Fundo Monetário Internacional (FMI) e o Banco Mundial amiúde pressionavam por menos programas assistenciais como condição para empréstimos de desenvolvimento. Ávidos em conseguir crescimento econômico e esperando que ele trouxesse, por fim, benefícios para as classes mais pobres, os governos, com poucas exceções, aceitaram as condições. E desse modo foi reduzido o auxílio às famílias.

Os padrões eram complexos. Apesar das pressões da globalização, a porcentagem de crianças que trabalhavam continuou a cair persistentemente de 6% do total da força de trabalho em 1950 para 3% em 1990 – ou de 28% das crianças abaixo de 14 anos em 1950 para 15% em 1990. O declínio se acelerou durante os anos 1980 e seguintes. Por volta de 2004, 88% das crianças em idade compatível, em todo o mundo, estavam na escola primária. A globalização, em suma, não interrompeu o movimento em direção a um modelo mais moderno. Nem se justificavam algumas das histórias pavorosas. Um cientista social indiano comentou num jornal a notícia que denunciava as longas horas e o confinamento das crianças trabalhadoras em indústrias pesqueiras ao longo da costa. As crianças tinham sido recrutadas de outras áreas, muitas vezes contra a vontade dos pais, que as queriam mais perto de casa. Todavia, as próprias crianças achavam que o trabalho era perfeitamente normal e estavam felizes de poder escapar das condições miseráveis que tinham em suas aldeias de origem. Estavam também contentes de poder remeter um pouco de dinheiro para as famílias. Exploração? Definitivamente, segundo diversos padrões. Mas o problema-chave era a massacrante pobreza. A globalização contribuiu para tornar mais duro o trabalho infantil, principalmente à medida que fracassou em resolver, em alguns casos piorou, as restrições econômicas vividas por tantas famílias nas nações em desenvolvimento.

A concorrência global e a redução dos programas sociais tiveram uma conseqüência muito clara: aumento do número de crianças na miséria. Isso ocorreu mesmo em países industrializados como os Estados Unidos e teve vastos resultados negativos na África, no sul e sudeste da Ásia e partes da América Latina. O número de crianças dependentes de atividades de rua – mendigando, se prostituindo, realizando trabalhos sem importância ou pequenos furtos – aumentou em muitos locais. O trabalho infantil total aumentou, como vimos, no sul e sudeste asiáticos – principalmente em pequenos locais de produção e outras circunstâncias em que o trabalho mais barato possível era essencial para que as empresas permanecessem à tona. O aumento de 50% no final dos anos 1990 nessa imensa região de seis a oito milhões de crianças trabalhadoras, não contando as empregadas na agricultura familiar, desafiou as tendências globais. Mais ainda, muitas famílias miseráveis, pressionadas por dívidas, vendiam seus filhos como mão-de-obra. A procura de mulheres jovens para o comércio sexual certamente cresceu, parte oriundas da Europa Oriental ou outros locais, sendo transportadas para centros de turismo sexual como a Tailândia. Algumas famílias chegaram mesmo a vender órgãos para transplantes, sendo os adolescentes os alvos mais visados. Quaisquer que tenham sido os outros benefícios – e houve fortes argumentos a favor de resultados gerais favoráveis para economias em rápido crescimento como China e Índia – a globalização piorou dramaticamente a luta pela sobrevivência de muitas crianças e suas famílias. O consumismo global foi a faceta mais importante da globalização, afetando tanto os valores como os comportamentos, e rapidamente abrangendo enorme quantidade de crianças. Viu-se uma associação crescente de infância com consumismo no Ocidente e no Japão. Não é de se surpreender que o relacionamento tenha transbordado para outras sociedades. Adolescentes libaneses passaram a assistir a filmes ocidentais regularmente nos anos 1920 e 1930. O entusiasmo pelo beisebol ganhou terreno entre a juventude japonesa e latino-americana e a paixão pelo futebol se espalhou até mais longe. Mas a completa explosão do consumismo global para as crianças esperou o final do século XX, com as novas tecnologias e oportunidades de mercado. Jovens começaram a freqüentar restaurantes de *fast food* para consternação dos pais, o que era um dos objetivos dos novos costumes. McDonald e similares tornaram-se refúgios para jovens coreanos, chineses e de outros países, um lugar para ver e ser visto e para satisfazer outros interesses como namoro e paquera. Programas de televisão, como *Vila Sésamo,* traduzidos para a maior parte dos idiomas, promoveram novos padrões de comportamento para as crianças. A MTV e turnês de rock global ofereceram uma linguagem musical jovem comum e geraram literalmente a criação de fãs-clubes globais. A roupa dos jovens urbanos se tornou padronizada, desafiando em geral os padrões adultos e tradicionais, contando sempre com a presença do *blue jeans.* O patrocínio de parques temáticos forneceu aos pais novos padrões para exibirem seu sucesso econômico e o amor pelos filhos numa única investida: levar as crianças para Orlando tornou-se um ritual de atenção dos pais bem-sucedidos da América Latina. Era esse o contexto em que os personagens Disney e bonecas Barbie tornaram-se parte do kit de brinquedos das crianças globais, o contexto em que muitos jovens chineses ficavam acordados até o raiar do sol para assistir a um campeonato de futebol europeu, do outro lado do globo. Era razoável admitir que observadores passassem a sustentar que uma cultura global jovem tinha nascido.

Em 2000, uma jovem professora da Força de Paz Americana trabalhou em uma aldeia do leste da Rússia que nunca tinha visto um americano antes e que não tinha nem computador nem conexão com a internet. Apesar do isolamento, suas alunas tinham noção precisa de quem era a mulher mais linda do mundo, e quando instadas escolheram Britney Spears. [cantora pop norte-americana de sucesso internacional]. No mesmo ano, uma antropóloga, que trabalhava em Madagascar com adolescentes e jovens de uma favela urbana, percebeu que seus alunos tinham uma idéia definitiva dos produtos de beleza que as mulheres deveriam buscar: aqueles que as haveriam de deixar mais parecidas com Britney Spears.

Por volta de 2000, a televisão alcançou os lugares mais remotos das ilhas do Pacífico. Vendo as novas imagens, muitas meninas ficaram descontentes com seus corpos e com os padrões tradicionais locais que eram mais roliços. Os índices de anorexia e bulimia subiram notavelmente.

O consumismo global de crianças favoreceu regiões e famílias relativamente prósperas, é claro. Por volta de 2000, o aumento da obesidade na infância começou a ser notado em crianças da classe média da China e Índia, e não apenas no Ocidente. Ocupações sedentárias e atividades de lazer, juntamente com abundância alimentar, começaram a trazer conseqüências globais. Festas de jovens no Irã e Paquistão, que utilizavam música ocidental, cigarros ocidentais, uísque escocês, eram claros sinais de *status*, mesmo que desafiassem os costumes religiosos locais. As crianças mais pobres, porém, não se viram inteiramente excluídas, particularmente nas cidades. Os ganhos das que participavam do comércio sexual em Madagascar poderiam se destinar parte para novos produtos de consumo – roupas de moda e cosméticos, por exemplo,

É forçoso reconhecer que a cultura jovem global não se baseava inteiramente em fontes ocidentais. O Japão e alguns outros países tornaram-se centros criativos também, a partir de tendências que, como vimos, haviam começado por volta dos anos 1920. O Japão ganhou destaque mundial promovendo imagens e produtos atraentes para crianças, levando a efeito e estimulando uma nova concepção de infância: a loucura pela série Hello Kitty foi uma das manifestações. Durante os anos 1990, uma paixão global pelos personagens Pokemon foi outro sinal da influência japonesa. O Japão começou inclusive a assumir a liderança de vários estilos e produtos para a juventude mais audaciosa, e em 2003 exportações de produtos desse tipo estavam no topo da lista do Japão. Os japoneses forneceram modelos para a cultura jovem da Ásia Oriental e até do Oriente Médio. A animação japonesa e os apetrechos eletrônicos para jovens se destacaram mundo afora. A revista

Wired começou a divulgar produtos adotados por jovens mulheres japonesas, precursoras de tendências que se espalharam pelo globo.

O consumismo dos jovens não era homogêneo como muitas pessoas imaginam, mesmo quando era largamente aprovado. A paixão, por exemplo, pela música rap americana tinha um significado diferente para jovens com um domínio limitado do inglês. Brincar com jogos e brinquedos japoneses – uma das modas era o Pokemon que tinha raízes na cultura específica japonesa e não podia ser transferida com facilidade – tinha significados diferentes dependendo do contexto. Esse tipo de combinação é uma decorrência comum dos novos contatos culturais, e certamente limitavam uma definição única de cultura jovem.

Os esforços para realizar combinações nem sempre foram bem-sucedidos. No início do século XXI, à medida que as cidades e as oportunidades de consumo cresceram em algumas partes da África, ofereceu-se aos pais a chance de comprar carrinhos de bebê, algo já disseminado em outras partes do globo. Entretanto, como já mencionamos, houve muita resistência por causa da longa tradição africana de carregar as crianças no colo ou nas costas, mesmo no trabalho. As mães se mostraram relutantes em abandonar esse contato físico, que era muito valorizado e que de fato beneficiava o desenvolvimento emocional da criança. Em Kerala, estado ao sul da Índia, os conservadores tentaram adaptar o crescente entusiasmo que as adolescentes mostravam por concursos de beleza. A solução foi realizar um concurso de beleza em que as participantes demonstrassem conhecimento da língua local e da cultura, incluindo danças. O problema é que as jovens interessadas em participar desses concursos tinham pouco conhecimento de língua e cultura, e as garotas mais tradicionais não se interessavam pelo concurso. Foi muito difícil determinar a vencedora, e o esforço de combinar a influência externa com a experiência da comunidade falhou pelo menos no curto prazo.

Alguns aspectos, no entanto, foram compartilhados. Confrontados com o consumismo global, os jovens, e em muitas regiões também as crianças, adquiriram consciência de identidade e pertinência. Um jovem em Hong Kong, indagado por que freqüentava o McDonalds, notou que na verdade não gostava tanto dessa comida quanto da chinesa, mas apreciava ver e ser visto num lugar cosmopolita como esse. Novos estilos deram claramente aos jovens uma alternativa ao controle total dos pais. Nesse sentido, o consumismo poderia ser uma arma real numa silenciosa luta de poder em que a balança se inclinava para os jovens. Os jovens com freqüência passavam a ter uma oportunidade sem precedentes de estar na liderança de grupos muitas vezes constituídos por membros adultos da família, pela maior familiaridade e competência com o consumo (incluindo o acesso ao computador), e por desempenhar um papel novo e importante. Ao mesmo tempo, o consumismo também afetava concepções adultas da infância e suas responsabilidades como pais. No final do século XX, os pais de uma forma geral passaram a acreditar que fornecer objetos e divertimentos para as crianças era parte vital de seu papel, passando a se sentir muito culpados quando não conseguiam satisfazer adequadamente essa expectativa. Vimos que o jingle americano *Happy Birthday* foi traduzido e adotado virtualmente em todas as línguas importantes, um caso surpreendente de transformação global para um novo modelo de identificação para as crianças e um novo nível de consciência da necessidade de proporcionar lazer atualizado. Da mesma forma, muitos pais mexicanos começaram a adaptar seus tradicionais festivais religiosos solenes para *halloweens* no estilo americano, que adotava a distribuição de doces para as crianças. Pais em Istambul deram de comprar presentes de Natal para as crianças, embora não fossem cristãos. E o feriado muçulmano de Ramadan, tempo de renúncia, modificou-se, introduzindo a procura de presentes e cartões para os jovens. Poucas instituições que envolviam crianças puderam resistir ao consumismo global, salvo as localizadas em áreas de completa pobreza ou zonas rurais remotas.

No início do século XXI, a globalização não incluía verdadeiros movimentos juvenis globais de protesto ou agitação. No final dos anos 1960 e início de 1970, curiosamente pouco antes do surgimento da globalização, surgiram sinais de um movimento juvenil internacional de protesto. Baseadas principalmente na Europa Ocidental e Estados Unidos, mas com ecos na Europa Oriental e em outras partes, revoltas estudantis protestaram contra a Guerra do Vietnã, o racismo, os desconfortos de escolas apinhadas e falta de mobilidade, e as armadilhas da sociedade de consumo que, segundo os líderes mais destacados do movimento, tinham lançado seus pais em vidas superficiais e sem sentido. Grupos estudantis tomaram escolas e, em Paris, em 1968, organizaram uma quase-revolução que lhes deu o controle de partes da cidade por algum tempo. Muitos observadores sustentaram que a juventude iria substituir a classe operária como fonte de agitação contemporânea, como criadores de uma consciência humanista.

A previsão se mostrou irreal. O protesto da juventude ocidental ficou para trás em 1973, embora alguns poucos grupos violentos persistissem na Europa por mais uma década. O fim do *baby boom* reduziu o excesso de lotação das escolas. Algumas reformas em programas de universidades foram introduzidas, e o consumismo se mostrou mais atraente do que repugnante para a maior parte dos jovens. Vimos que os jovens com freqüência se juntaram nas inquietações no início deste século XXI, mas o mote mais comum foram problemas nacionais, incluindo movimentos religiosos, e não questões globais. Muitos jovens apoiaram campanhas de direitos humanos, e um número maior voltou-se para causas ambientais, embora a participação fosse desproporcionalmente maior nos países industrializados. Tradições e circunstâncias distintas, assim como diferentes graus de atratividade por aspectos da globalização, dividiram a juventude do mundo, mesmo quando compartilhou algumas influências.

A própria globalização foi um divisor de águas, como vimos. Crianças relativamente ricas, participando de novas formas de consumismo, diferiram muito de crianças que voltavam a ser pressionadas a trabalhar na Índia ou de crianças de rua do Rio de Janeiro, ainda que estas também tivessem algumas aspirações de consumo. Adolescentes *skinheads* na Inglaterra ou Alemanha que fomentavam a violência contra minorias raciais compartilharam com jovens imigrantes um interesse em estilos musicais jovens, mas os estilos se entrechocaram a exemplo das gangues, e não houve um resultado uniforme. Para muitas crianças e adultos, a globalização influenciou mas não transcendeu as tradições locais da infância. Pais libaneses podem ter buscado estilos de educação ocidental para os filhos e lido alguns manuais modernos de educação infantil, porém não queriam, na verdade, que os filhos adotassem os padrões ocidentais de individualismo em detrimento das obrigações de família mais tradicionais. Os mundos das crianças continuaram diferentes.

A globalização também teve um relacionamento complexo com modelos modernos de infância e sua influência pode não ter chegado a muitas áreas. Novas correntes de imigração introduziram muitas famílias na escola e a outros equipamentos da infância moderna, embora o racismo e a desigualdade de oportunidades tivessem limitado seus efeitos para algumas. A globalização política trabalhou sem ambigüidades em direção ao modelo moderno: as agências internacionais queriam melhor saúde, taxas de natalidade mais baixas, proteção legal para as crianças, menos ou nenhum trabalho para elas e acesso mais amplo à escolarização. Infelizmente, de todos os elementos da globalização, o braço político era o mais frágil em termos de impacto real. Em termos de resultados, a globalização econômica reduziu por exemplo a viabilidade do modelo moderno para as crianças de rua ou para as formalmente empregadas, tornando difícil conseguir mais tempo para a escolaridade e, em alguns casos, piorando suas condições de saúde. O consumismo, afinal, era compatível com o modelo moderno de crianças que o viam como fonte de prazer junto com a escolaridade. Pode ter tido algumas implicações individuais compatíveis com o modelo moderno e promovido outras características como grupos de pessoas de mesma idade e atividades específicas para cada idade. No entanto, o consumismo também distanciou a criança da escolaridade e se mostrou irrelevante para as características centrais do modelo moderno.

Alguns observadores afirmaram que a globalização estava estabelecendo uma estrutura para a infância em muitas partes da África às expensas do modelo moderno. O crescente desemprego tornou a juventude mais marginal e reduziu a importância da escolarização. Jovens que podiam ganhar dinheiro, como as moças prostitutas servindo a clientes ricos, geralmente usavam seus ganhos em consumismo, mas isso não servia para reverter sua marginalização na sociedade. Os jovens nessa circunstância não emergiam como uma categoria protegida, tendo a educação como prioridade. A marginalização não era um padrão que envolvia todos os africanos, uma vez que a ânsia por educação persistia, com mais aspirantes ao ensino secundário do que vagas disponíveis. E o zelo pela educação era freqüentemente relacionado a um compromisso com redução de taxas de natalidade – em outras palavras, o modelo moderno numa versão africana. Para muitos, na África e em outros lugares, a globalização poderia se distanciar do modelo moderno ou solapá-lo completamente, gerando um novo conjunto de fatores no início do século xxi.

Por fim, e mais previsível, a globalização poderia também encorajar a resistência em nome da tradição. Muitos jovens reagruparam-se em identidades regionais ameaçadas, mesmo quando participavam de alguns aspectos da globalização. Muitas jovens no Oriente Médio, por exemplo, retomaram maneiras de se vestir mais tradicionais por volta de 2000, como meio de afirmar sua independência da globalização estrangeira dominadora e pressões por maior homogeneidade.

A globalização, em suma, era uma força real, juntando fatores de rápida mudança na infância por volta de 2000. Combinando com pressões antigas em direção ao modelo moderno em alguns casos, criando influências adicionais comuns, a globalização não apagou formas de diversidade tanto antigas como novas. A aldeia global abraçou muitos tipos diferentes de infância.

PARA SABER MAIS

Veja a edição especial do *Journal of Social History* (v. 38, junho, 2005), sobre globalização e infância. Nancy Scheper-Hughes e Carolyn Sargent, *Small Wars: the cultural politics of childhood* (Berkeley: University of California Press, 1998); Tracey Skelton e Gill Valentine, *Cool Places: geographies of global youth culture* (London: Routledge, 1998); United Nations Development Program, *Human Development Report* (Oxford: Oxford University Press, 1999); Tobias Hecht, *At Home in the Street: street children in northeast Brazil* (Cambridge: Cambridge University Press, 1998); Jeremy Seabrook, *Children of Other Worlds: exploitation in the global market* (London: Pluto Press, 2001); James Watson, ed., *Golden Arches East: McDonald's in East Asia* (Stanford, CA: Stanford University Press, 1998); Timothy Burke, *Lifebuoy Men, Lux Women: commodification, consumption and cleanliness in modern Zimbabue* (London: Leicester University Press, 1996). Veja também United Nations Children's Fund, *The State of the World Children 2002* (New York: Unicef, 2002).

CONCLUSÃO: INFÂNCIAS DO PASSADO RUMO AO FUTURO

Eis aqui uma discussão séria e provocante, que aplica à infância o tipo de discussão que modelos de modernidade tinham incitado em outros aspectos da vida contemporânea. Em vez de enfocar primordialmente a escolarização para as muitas crianças que ainda estão entregando sua força de trabalho, as experiências mais importantes se parecem com as que as crianças da Europa Ocidental, Estados Unidos e Japão encontraram um século ou um século e meio atrás. As economias familiares tradicionais estão desgastadas pela rápida urbanização e pela incapacidade de as famílias rurais as suprirem. Nesse contexto, uma boa parte do trabalho infantil se torna insólito, embora o fato não seja novidade, e isso algumas vezes envolve crescente exploração e novas vulnerabilidades. Muitas meninas na Índia e na África estão hoje trabalhando como empregadas domésticas nas cidades, como ocorria em Paris e Nova York dos anos 1850. Algumas são também sexualmente exploradas no emprego, como antigamente no Ocidente. Comércio de rua, mendicância e pequenos furtos envolvem muitas crianças, como na Londres de Charles Dickens. No Ocidente e Japão, as condições chegaram a mudar, depois de longa e geralmente dolorosa transição. O modelo moderno predominou amplamente, mesmo para a maior parte das crianças das classes mais baixas, embora tenha trazido problemas específicos. Será que o desenvolvimento econômico e uma legislação protecionista, incluindo pressões para o cumprimento de prescrições globais, levarão as crianças pobres da Índia ou do leste da África e seus descendentes a um modelo padrão nas próximas décadas? Ou será que as tradições locais ou as desigualdades econômicas persistentes, em geral agravadas pelos novos efeitos de doenças e guerra, irão sustentar uma divisão perene da infância no planeta, não só por classe social mas também por região?

Juntar todos os elementos da história mundial da infância não é tarefa simples. Este livro realçou três versões relevantes da infância: a da caça e coleta, a da agricultura e a moderna. A infância em nossa visão depende primeiro e principalmente dos sistemas econômicos – e isso ainda vale para nossos dias, entre a escolarização e o consumismo (crianças treinadas como consumidores são vitais para sustentar esse sistema em particular). No entanto, as estruturas culturais e familiares se entrelaçam, razão pela qual não existe apenas *uma* infância agrícola tradicional e, somada às variáveis econômicas, uma única infância moderna. Restam, no entanto, duas questões básicas, resultado da história mundial da infância, em especial da história moderna, quando pensamos que rumo tomará a infância no futuro.

Será que o que chamamos de modelo moderno de infância, adornado pelo crescente consumismo, dá uma boa noção do que será o futuro próximo da infância ao redor do mundo, com um número crescente de sociedades se aproximando desse modelo enquanto outras prorrogam suas implicações? (Ou colocando de outra forma: devemos esperar que as estruturas da infância se tornem mais semelhantes de uma região para outra nas próximas décadas?)

E a segunda pergunta: queremos que isso aconteça?

A história recente, em suas diversas implicações para a infância, certamente complica qualquer esforço de previsão. Dependendo do lugar e da classe social, temos visto um número crescente de jovens serem vendidas para servir de escravas sexuais. A imagem mais corriqueira das crianças africanas envolve sua presença em campos de refugiados, fugindo de conflitos étnicos ou religiosos, algumas vezes mutiladas na fuga, estômagos vazios e olhos baços de fome. Ou no sul da África, deitadas em camas, vitimadas pela aids, doença contraída das mães ao nascerem. Compare-se esse quadro com a multidão de adolescentes dos subúrbios dos Estados Unidos ou da Europa Ocidental, acotovelando-se nos exames vestibulares que lhes abrirão as portas da faculdade, e fora da escola divididos em tantas atividades que só muitos anos mais tarde, já adultos, irão recuperar algum senso de espontaneidade. Ou com as *valley girls** da Califórnia e as adolescentes japonesas vidradas em moda. Ou ainda, em outras paragens, com crianças um pouco mais velhas se explodindo como suicidas, estimuladas não só pelos militantes locais mas também muitas vezes por pais orgulhosos. Parece impossível estabelecer um único padrão de infância.

Existe a realidade contemporânea das crianças-soldado, não só na África, como em áreas do sudeste da Ásia, munidas de armas mais mortais do que qualquer criança jamais possuiu. A realidade nesse caso torna-se complexa pelo fato de as crianças-soldado serem parte significativa de muitos exércitos. Embora o ultraje universal pela utilização de crianças-soldado possa ter razão de ser, particularmente em face das armas envolvidas, a circunstância é reflexo de alguns dos novos padrões.

Especialistas começaram, recentemente, a manifestar preocupação quanto às enormes distâncias de níveis econômicos e instabilidade política, que estariam pondo em risco um dos aspectos mais preciosos do modelo moderno de infância, o declínio das taxas de mortalidade. Durante os anos 1990, as taxas de mortalidade pioraram ou estacionaram em mais de um terço dos países africanos subsaarianos, enquanto na dilacerante guerra no Iraque 10% das crianças morreram com menos de 5 anos (o dobro da taxa de 1990). De forma mais geral, má-nutrição e aids foram os piores vilões a tornar mais lentos os ganhos em termos médios globais.

As infâncias estão hoje profundamente divididas pelos valores, pela riqueza ou miséria, pelo caos político ou relativa estabilidade. Um antropólogo captou recentemente um aspecto dessa diversida-

---

* N.T.: Termo cunhado nos Estados Unidos, nos anos 1970, que se refere a garotas ricas do Vale São Fernando, perto de Los Angeles, Califórnia, e que retrata um tipo de mulher avoada e mimada, mais interessada em *shoppings* e na aparência do que em se enriquecer como pessoa.

de com a imagem da escola cercada de grades, aparentemente um símbolo comum da infância moderna praticamente por toda parte. Todavia, na África a cerca é amplamente destinada a manter fora as crianças que desejam escolaridade – crianças que vêem a escola como uma chave para seu futuro, mas para quem simplesmente não há lugar, dados os limitados recursos disponíveis. Por outro lado, nos Estados Unidos a cerca serve em parte para segurar os alunos dentro, aqueles que acham a escola entediante, um lugar de maus-tratos e intimidações e sem significado para seu futuro.

O caleidoscópio das infâncias no mundo contemporâneo oferece uma variedade quase infindável com conjuntos de oportunidades e problemas impressionantemente distintos. Sem negar esse aspecto de realidade, também existe uma realidade de tendências dominantes. As tendências podem parecer familiares, mas constituem uma verdadeira mudança para muitas das sociedades envolvidas, e são devidas em grande parte à aplicação do modelo moderno.

Não houve país algum, nem mesmo o mais miserável e afetado por doenças, em que a mortalidade de recém-nascidos e crianças pequenas não tenha continuado a declinar no terço final do século xx, apesar da recente estagnação e das novas e válidas preocupações. Serra Leoa, com a pior taxa do mundo em 1998, com 316 crianças em cada 1000 morrendo antes dos 5 anos, conseguiu uma queda de 20% desde 1960, juntamente com a alfabetização do dobro de mulheres e um aumento de 50% na alfabetização de homens entre 1980 e 1995. Os países mais pobres do mundo em conjunto tinham 282 crianças em 1000 morrendo antes dos 5 anos em 1960, e assistiram à queda para 172 crianças, ao passo que o mundo como um todo declinou de 193 para 86 – uma taxa realmente assombrosa para qualquer padrão histórico. A elevação das taxas de alfabetização embora menos dramáticas mostraram a mesma tendência, refletindo o aumento da presença da escolarização nas infâncias em todo o globo. É importante notar as enormes distâncias entre países ricos e pobres e a igualmente enorme diferença nas experiências das infâncias que essas distâncias refletem. No entanto a direção dessas mudanças foram amplamente compartilhadas, pelo menos no início do século xxi.

Mortalidade infantil por região, 1950-2000

Taxa de mortalidade infantil (mortes antes de um ano de idade por 1000 nascidos vivos)

Região	1950-1955*	1980-1985*	2000
Mundo	156	78	54
África	192	112	87
Ásia	181	82	51
Europa	62	15	11
Oceania	67	31	24
América do Norte	29	11	7
América Latina e Caribe	125	63	32

* Probabilidade de morrer antes de um ano.

Fonte: *Mortality* 1988, tabela A.2; U.S. Census International Ano 2000, www.census.gov/ipc/www/idbnew.html

Qualquer história mundial com firme enfoque moderno enfrenta a inevitável tensão de equilibrar características regionais e globais, e isso obviamente se aplica à infância. Padrões compartilhados coexistem com grandes diferenças. Um número crescente de pessoas e governos concorda que o foco principal da infância deveria ser a escolarização, não o trabalho – a estatística global para as últimas duas décadas demonstra-o claramente. Apesar dos bolsões preocupantes de doenças, fome e conflitos, parece plausível predizer que a balança escola-trabalho continuará a pender em favor da educação – porém plausibilidade não é certeza, razão pela qual os estudiosos geralmente se opõem à apresentação de modelos de modernidade. Muitas sociedades são ainda bastante pobres para sustentar o acesso amplo à educação e, por outro lado, grupos significativos continuam resistindo à escolarização.

Kailash Satyarthi, lutador de uma vida inteira contra o trabalho infantil na Índia e um vitorioso mobilizador da opinião pública, conta uma história de sua própria infância que confere tons dramáticos ao problema. Ele freqüentava a escola na cidade de Vidisha (acabou se graduando na universidade) e observava sempre um sapateiro remendão sentado ao lado do filho na parte externa da escola, limpando e consertando sapatos. Não conseguia entender por que o homem não deixava seu menino juntar-se a ele na sala de aula. Quando finalmente encheu-se de coragem para perguntar, a resposta foi incisiva: "Meu jovem, meu pai foi sapateiro como meu avô antes dele, e nunca ninguém antes de você me fez essa pergunta. Nós nascemos para trabalhar, e o mesmo ocorre com meu filho". Evidentemente a resposta não satisfez Satyarthi, que, adulto, dirigiu a Marcha Global Contra a Criança no Trabalho, a Coalizão do Sul Asiático sobre Servidão Infantil e a Campanha Global pela Educação, com apoio indiano e internacional, tendo resgatado cerca de 66 mil crianças do trabalho em fábricas, serviço doméstico e performances de circo. O conflito de valores, porém, não pode ser ignorado, tampouco o fato de que o trabalho infantil aumentou na terra natal de Satyarthi, apesar dos esforços dos reformistas. Por que essa nação deveria ser uma exceção na tendência global? Há garantia de que a exceção termine logo?

As questões envolvem classe social, assim como geografia, porque a polêmica sobre fazer a transição para um modelo mais moderno de infância tem tido uma complexidade enorme em virtude das múltiplas variáveis quanto as probabilidades e recursos de cada sociedade. Em 2004, o artista Bill Cosby repreendeu publicamente pais e filhos de ascendência negra nos Estados Unidos, entre outras coisas, por não levarem a escola a sério, inclusive a capacitação que oferecia no domínio do idioma e no comportamento – eles freqüentavam a escola mas não ligavam muito para o modelo. O que grande parte dos pais da classe trabalhadora inglesa entende por compromisso educacional em relação aos filhos difere notavelmente do entusiasmo e lealdade mostrados pelos pais da classe média, sendo essa mais uma variante da divisão existente em sociedades aparentemente modernas. E ainda que ambos os grupos mantenham taxas de natalidade muito abaixo dos níveis tradicionais, o tamanho médio de suas famílias varia de forma a sugerir atitudes distintas com relação às crianças e com relação às responsabilidades dos pais. É fundamental notar também as tendências aparentes, incluindo redução das taxas de natalidade e a transição para a escolarização, quando se examina a questão com mais profundidade.

Além do mais, o modelo moderno de infância – à parte as variações de entendimento e grandes diferenças nos estágios de mudança de uma parte a outra do mundo – é apenas um aspecto da história. Nada diz, no tópico escolarização, se as crianças são estimuladas a pensar em si mesmas como indivíduos ou instadas a buscar identidade na família ou na religião. Nada diz a respeito dos tipos de ensino e seu impacto, se as lições são decoradas (o que é bem útil em alguns casos) ou se existe um compromisso com a (geralmente caótica) auto-expressão e com a afirmação de auto-estima. Mesmo a exposição a aspectos globais comuns de consumismo global dificilmente garante semelhantes experiências básicas ou perspectivas.

Em 1994, um adolescente americano, residindo com a família em Cingapura, cometeu um ato de vandalismo, passando spray em carros estacionados. Foi preso e sentenciado a levar uma surra de trinta chibatadas no traseiro. O incidente provocou furor nos Estados Unidos e em outras partes do Ocidente. A punição parecia bárbara para uma transgressão considerada trivial. O episódio aconteceu quando vários líderes da Ásia Oriental andavam enfatizando a necessidade de compromisso com os valores da comunidade e com a disciplina, em oposição ao excessivo individualismo e a permissividade do Ocidente, e as razões expendidas em torno do ato do infrator americano davam a impressão de dramatizar precisamente essa diferença de visão. Havia ali duas sociedades modernas e bem-sucedidas se opondo na questão de definir os padrões básicos para a infância. Não é possível deixar de reconhecer a mistura de padrões comuns que afastam a infância dos fundamentos tradicionais e a larga diversidade em relação aos sentidos mais profundos da infância. O menino foi surrado, não ficou muito ferido, de acordo com relatos à época, mas em seguida deixou a cidade-Estado, tendo regressado a Michigan.

Avaliar a infância na história mundial envolve mais do que a característica complexidade local-global: requer também alguma avaliação qualitativa da experiência moderna, tanto para objetivos históricos quanto comparativos. Admitindo-se que o que é moderno possa ser manipulado de variadas formas – entre a classe trabalhadora e a classe média, ou entre o Extremo Oriente e o Ocidente –, certamente essas variantes empalidecem diante das conquistas da modernidade. Lembremos que os pouco sofisticados historiadores pioneiros da infância, de uma geração anterior, não puderam deixar de notar os aprimoramentos da modernidade sobre as restrições à infância existentes no passado. O mesmo se aplica às comparações correntes: como podemos deixar de concordar que a infância é melhor em sociedades que se encaminharam de forma mais completa para a modernidade do que aquelas nas quais a infância é mais vulnerável à crueldade da pobreza e da doença? Não há maneira de escapar de algum confronto em juízos de valor quando se trata desse assunto histórico em particular.

Quem gostaria, só para destacar o ganho mais aparente, de voltar para a situação em que 30% ou mais das crianças morriam antes de chegar aos dois anos de idade, em que praticamente nenhuma família escapava da experiência de perder pelo menos um filho? Podemos admitir algumas interessantes questões de ética médica concernentes a um especial sentimento ocidental (particularmente norte-americano) em manter vivas algumas crianças a qualquer custo e sem a certeza de que venham a ser adultos saudáveis, mas certamente a sociedade que rejeitou o tradicional fatalismo acerca da sobrevivência infantil alcançou avanços indiscutíveis.

No entanto, o pacote moderno não foi só isso, é claro, e alguns dos outros componentes são mais abertos ao debate – não para retornar ao passado, que é uma questão superada, e sim para reconhecer que o relacionamento do presente com o passado não se consubstanciou só em progresso, nem o progresso é o diferencial único entre as sociedades mais modernas e aquelas ainda em transição. É fundamental lembrar algumas das potencialidades e da clareza da infância agrícola mais tradicional, mostradas nos capítulos iniciais deste livro.

Com efeito, a julgar pelos resultados das pesquisas de opinião, muitos pais americanos, se pudessem articular um modelo histórico, provavelmente iriam preferir desde o princípio alternativas mais complexas. Não gostariam de retornar à Roma antiga, ainda que achassem interessante alcançar maior obediência dos filhos, porém definitivamente não associariam as tendências recentes a progresso descontrolado. Admitiriam os aprimoramentos da modernidade sobre certas tradições agrícolas, com taxas mais baixas de mortalidade, famílias menores e escolarização em vez da penúria e das humilhações do antigo trabalho. Contudo, eles se mostrariam inclinados a afirmar que uma vez atingida a modernidade – no início do século xx – a infância americana começou a descer a ladeira. Ainda que moderna, tornou-se indisciplinada demais, demasiado egoísta, desrespeitosa, muito distanciada das obrigações familiares – e afastada das discussões sobre o crescimento do consumismo. Poderia ser esta a razão por que toda pesquisa de opinião americana desde os anos 1930 julga os casais sem filhos mais felizes do que os que os têm, e indica que os pais que se definiram como modernos – um grupo em ascensão – mostraram mais preocupação em relação às crianças e suas responsabilidades do que aqueles que se identificaram como tradicionais. Senão qual seria a razão de pais "modernos" afirmarem que os "velhos bons tempos" eram melhores para as crianças (provavelmente se referem a um século xix idealizado, não os verdadeiros bons dias de pré-modernidade), enquanto expressam nostalgia por "padrões mais tradicionais de vida familiar e responsabilidade"? Sem adotar exclusivamente o ponto de vista dos pais e notando que 90% dos pais americanos dizem que se tivessem de optar novamente haveriam de escolher ter filhos, há alguns empecilhos para a modernidade que merecem comentários, para não se ter uma visão histórica demasiado otimista.

Há dois tipos de fatos pouco cômodos, embora não surpreendentes. Em primeiro lugar, converter-se para alguma versão de infância moderna não remove todos os problemas que acompanham padrões mais tradicionais. Tomemos um exemplo: o abuso não acabou. Pode ser mais claramente identificado ou atacado, à medida que os governos tomam parte mais ativa nisso. Todavia, é de se acreditar que o monitoramento do governo não tem a mesma força de controle sobre abuso que as comunidades ou vizinhanças mais fechadas ofereciam. Um historiador bem versado na questão da infância notou que havia raros casos de abuso infantil em New England (Estados Unidos) no período colonial comparado com os tempos modernos. Segundo ele, algumas punições bem aceitas na época podem ser vistas como abusivas hoje, mas reconhece que os registros podem estar incompletos. No entanto, afirma que era mais difícil encobrir o abuso em aldeias convencionais do que hoje em dia, o que torna a ausência de crises de abuso encontradas em períodos mais modernos fato ainda mais impressionante. Abuso, em outras palavras, pode ter ficado pior; ele certamente não acabou. As mudanças na definição de abuso podem não ter acompanhado a evolução do problema.

O segundo conjunto de fatos envolve questões que parecem atacar de modo distinto a própria modernidade. Taxas de natalidade em declínio encontraram obstáculos, independente dos períodos de transição quando os pais se viram confusos acerca dos objetivos corretos e também tiveram de se ajustar à diminuição dos cuidados reservados aos filhos. Na Índia e na China contemporâneas, o controle da natalidade articulado com uma habitual preferência por meninos tem levado a um considerável excesso de homens na maturidade sexual – vários milhões a mais de homens do que de mulheres, em cada uma dessas nações gigantes. É imenso o número de homens que terá problemas em encontrar saídas e satisfações normais, e essa situação pode produzir grandes tensões sociais. Este é um exemplo particularmente dramático, e é sempre mais fácil identificar problemas nas sociedades dos outros do que nas nossas.

Aspectos negativos da infância moderna vão além das implementações específicas nos mais distantes quadrantes do mundo. No Ocidente, o declínio das relações de proximidade entre os irmãos certamente tornou mais fácil para as crianças desejarem estar sós. O abismo entre a geração adulta e a infância criou novas barreiras de entendimento. Se de um lado grandes parcelas de adultos nas sociedades antigas, como a Roma clássica, lamentaram o declínio da juventude – mais preocupados com seu próprio envelhecimento do que com a juventude da época –, não há precedente para as ansiedades e divisões que cercam a adolescência moderna. A depressão entre as crianças sem dúvida aumentou, ainda que se admita ser difícil a comparação com o passado. Hoje estamos mais sintonizados com o problema e provavelmente possamos percebê-lo melhor. TOC (Transtorno Obsessivo Compulsivo) é outra nova e crescente enfermidade, amplamente identificada nos Estados Unidos, em particular onde a paciência com crianças "hiperativas" vem se esgotando. O Japão tem suas próprias categorias. No início do século XXI, vários milhares de alunos japoneses sofriam de uma doença chamada *hikikomari,* uma inabilidade para se afastar de casa e agir normalmente. No Ocidente e no

Japão da mesma forma, os suicídios juvenis se elevaram: 22% só em 2003, no Japão. Mudanças na vida da família, incluindo maior instabilidade matrimonial, mais pressões associadas com escolaridade e busca de identidade e sentido de vida criaram o cenário para o aumento de problemas nessas categorias, em todas as sociedades industrializadas avançadas. Preocupante também, nessas mesmas sociedades, os atos de horripilante violência perpetrados por crianças com menos de 12 anos, pouco freqüentes mas impressionantes e aparentemente em ascensão. Desordens alimentares aumentaram de forma mais explicável, oscilando de anorexia nervosa severa à menos dramática e mais comum escalada da obesidade infantil. Dadas as mudanças na disponibilidade de alimentos e padrões de trabalho e lazer para os jovens, as sociedades modernas não descobriram maneiras adequadas de regular os hábitos alimentares das crianças e as conseqüências se tornam cada vez piores.

A questão não é mostrar que no passado as condições da infância eram muito piores, mas notar que a mudança trouxe perdas e ganhos, a par de alguma inequívoca continuidade em que os padrões, de uma maneira ou de outra, pouco mudaram. Vale a pena empalmar esse conjunto de realidades, não só por razões de exatidão histórica, como também no sentido de ajudar as sociedades modernas, e as sociedades que se encaminham para o modelo moderno, a identificarem mais claramente áreas que precisam de atenção, em vez de celebrar apenas os sucessivos triunfos. Podemos também torcer para que mais e mais sociedades alcancem taxas de natalidade e mortalidade mais baixas e proporcionem mais escolaridade do que demandas de trabalho. Entretanto, devemos nos empenhar em conseguir mais, para mitigar alguns dos problemas comuns ligados à infância moderna. A propósito, para usar um exemplo familiar, a Organização Mundial da Saúde se empenhou recentemente em buscar novas formas de combater o excesso de peso de crianças, ao lado de sua missão histórica de combate à fome e à mortalidade infantil. Há mais a fazer pela infância global contemporânea do que simplesmente levar adiante a atual agenda.

Muitas pessoas estão profundamente comprometidas em ajudar as crianças. Kailash Satyarthi é um exemplo, assim como os muitos dedicados trabalhadores assistenciais, lidando com crianças em campos de refugiados por todo o mundo. É legítimo, porém, levantar duas preocupações acerca da atenção que se dispensa às crianças nos nossos dias, sem deixar de afirmar que, em termos globais, estamos enfrentando uma crise sem precedentes. A primeira preocupação diz respeito à tendência da maior parte dos movimentos internacionais de assumir os padrões modernos de infância e exigir que o resto do mundo os siga. Essa abordagem minimiza as desvantagens do modelo moderno e estimula o tom paternalista no trato com as sociedades mais tradicionais, conduta que pode não produzir uma resposta construtiva. A visão é inegavelmente humanitária na intenção, mas caridade nem sempre propicia o mútuo entendimento. Ao mesmo tempo, alguns dos problemas nas sociedades mais modernas podem não ser suficientemente notados. A segunda preocupação, lembrada no capítulo "Os deslocamentos nos séculos XX e XXI: crianças diante da guerra e da violência." é resultado da redução da importância da infância nas sociedades em que o modelo moderno mais avançou – precisamente as sociedades que ainda estão na liderança das decisões do modelo moderno. Um número cada vez maior de famílias ou não tem filhos ou passa da idade de tê-los. Um instigante livro de Muriel Jolivet descreve o Japão, reconhecidamente com algum exagero, como a primeira sociedade "sem crianças". Um estudo inglês do casamento moderno – *The Symmetrical Family*, de Young e Willmott, define satisfação no relacionamento quando ambos os esposos trabalham e juntos usufruem das recompensas do consumismo – e os filhos sequer são mencionados. Nas sociedades ricas, para um número cada vez maior de pessoas, as crianças de casa e de fora, em outras palavras, são os "outros" – responsabilidade de alguém outro, não sendo vistos, nem lembrados com freqüência. São pobres, de cidades do interior ou de remotas zonas rurais, ou imigrantes, ou estrangeiros. Não propiciam aproximações ativas e diárias mesmo em sociedades que paulatinamente se tornaram menos centradas na criança. Fatores desse tipo exigem atenção, pois assuntos contemporâneos das crianças são reais e muito mais complicados do que algumas declarações bem-intencionadas fazem crer.

A mudança, entrementes, prossegue. Novas doenças, como o impacto da aids sobre as crianças, e novos padrões de violência entre as crianças, tanto jovens suicidas que se explodem, como crianças na Inglaterra ou nos Estados Unidos que atiram uns nos outros, levantam novas questões na história da infância no final do século XX e início do século XXI.

Implicações de implementações adicionais ao modelo moderno também determinam mudança. Muitos observadores notaram uma tendência universal de expansão do período de infância e do estágio pré-adulto, tanto por causa dos deslocamentos econômicos, que prolongaram a dependência da juventude, quanto pela ampliação das exigências educacionais ou ambos. As taxas de natalidade mais baixas também explicam por que os próprios pais, embora relutantes, passam a aceitar essa expansão. A China estabeleceu um novo compromisso de dar acesso, na idade compatível, a 15% de sua imensa população à universidade, decisão essa que manterá milhões de pessoas fora do mercado de trabalho por um período mais longo. Famílias americanas constatam que grande número de graduados na faculdade voltam para casa para um período de pós-adolescência, enquanto tentam alguma carreira ou prosseguem nos estudos. Um administrador da Harvard, encarregado das admissões, sustenta que um período de juventude pós-faculdade está se tornando psicologicamente essencial, dada a intensa atividade intelectual de uma infância bem-sucedida. Razões para a extensão da infância podem variar e o fenômeno não está firmemente estabelecido como tendência duradoura, mas parece estar se manifestando em vários distintas regiões ao redor do mundo.

As diferenças de gênero entre as crianças diminuíram, embora isso ainda seja motivo de discussões acirradas em algumas sociedades. A queda dos índices de natalidade significa que um crescente número de famílias tem apenas um filho ou dois, ou uma filha ou duas – e aquelas com apenas duas filhas prestam inevitavelmente mais atenção às meninas do que tradicionalmente se fazia, mesmo em países como a China. A educação continua a ser um fator de igualdade: do Irã aos Estados Unidos, 55-60% dos universitários são mulheres. Alguns observadores afirmam que as moças, com seu maior interesse na educação e sua capacidade de assumir a dianteira em postos de trabalho na economia global e que por vezes marginalizam os rapazes, estão começando a colher maiores benefícios da infância moderna, se comparado com seus colegas masculinos. Insuficiente ainda para retificar a tradicional desigualdade de gênero, mas o bastante para se ficar atento.

A mudança recorrente na infância não é monopólio da modernidade. A infância mudou bastante na conversão era da caça e coleta para a era da agricultura. Mudanças posteriores na organização social e crenças religiosas trouxeram alterações mais modestas, embora significativas. O advento de idéias e condições modernas para a infância, disseminadas por imitação, pela pressão internacional e pelas simples exigências de se tentar construir economias industrializadas e Estados modernos, fizeram acelerar o ritmo da mudança outra vez – sempre em meio a grande diversidade. As mudanças são fundamentais e, em termos históricos, ainda muito recentes, mesmo em sociedades que foram pioneiras nas primeiras versões da infância moderna. Não é de se admirar que ajustes difíceis estejam em andamento. E que adultos e crianças continuem a discutir o que a infância poderia acarretar, explícita ou implicitamente. E que são inescapáveis outras mudanças. A beleza da história da infância, por toda sua complexidade e por todas as discussões que suscita, é que ela fornece um roteiro para se saber de onde provém essa experiência humana, enquanto se desloca rapidamente no presente em seu caminho do passado para o futuro.

Referências bibliográficas

Philippe Ariès, *Centuries of Childhood: a social history of family life* (New York: McGraw-Hill, 1962). Em português: *História social da criança e da família*, (São Paulo: Zahar, 1978).

Paula Fass, ed., *Encyclopedia of the History of Childhood,* 3 volumes (New York: Macmillan, 2004).

Muriel Jolivet, *Japan, A Childless Society?* (New York: Routledge, 1997).

Steven Mintz, *Huck's Raft: a history of American childhood* (Cambridge, MA: Harvard University Press, 2004).

Mitsukuri Shuhei, "On Education" em William Braisted, trad., *Meiroku Zasshi: Journal of the Japonese Enlightenment* (Tokyo, 1976), p. 106.

Michael Young e Peter Willmott, *The Symmetrical Family* (New York: Pantheon, 1973).

O AUTOR

Peter N. Stearns é diretor e professor de História da George Mason University, autor de *Gender in World History* (no Brasil: *História mundial: o gênero*), *Consumerism in World History* (2001) e *Western Civilization in World History* (2003). Publicou também *The Global Experience* (2005) e *World History in Brief* (2004).

A TRADUTORA

Mirna Pinsky é jornalista e autora de 38 livros infantis e juvenis. Atua há mais de 20 anos na área editorial, coordenando a produção de livros para várias editoras.